BoD
BOOKS on DEMAND

ICH HAB JA NUR MAL GEDACHT!

GEDANKEN EINES BÜRGERS FÜR EINE REPUBLIK EUROPA IM JAHR 2048

Axel Urrigshardt

2048
Europa wird eine Republik

Bibliografische Information der Deutschen National-bibliothek:
Die Deutsche Nationalbibliothek verzeichnet diese Publikation in der Deutschen Nationalbibliografie; detaillierte bibliografische Daten sind im Internet über http://dnb.dnb.de abrufbar.

Illustration: **Axel Urrigshardt**
Übersetzung: **Alina Rosenbauer**

Herstellung und Verlag:
BoD – Books on Demand, Norderstedt

ISBN: 978-3-7448-8980-3

Inhaltsverzeichnis

Einleitung

Mein Name ist Axel Urrigshardt und bin ein Bürger aus Europa. Ich wohne in Siegen, einer Stadt mit ca. 100.000 Einwohnern in der Mitte Deutschlands. Ein Studium kann ich nicht vorweisen und bin auch kein sogenannter Experte. Diese Aussage ist kein Alleinstellungsmerkmal des SPD Politikers Martin Schulz, der permanent darauf hinweist, dass er kein Studium vorweisen kann. Ich bin ein normaler Bürger aus der Mitte von Europa, der sich Gedanken um die Zukunft seines Europas macht.
Mit diesem Buch möchte ich das Interesse an der Idee einer Republik Europa wecken. Es ist weder dogmatisch, auch nicht abschließend zu verstehen und schon gar nicht der Weisheit letzter Schluss. Es ist nur ein Beginn! Der Beginn eines langen Prozesses, des Denkens, des Diskutierens, des Streitens und ich hoffe, irgendwann des Feierns!

Wegen der besseren Lesbarkeit habe ich weitgehend auf Quellenangaben verzichtet. Wer sich mit den Quellen näher und umfassender beschäftigen möchte, verweise ich auf die im Anhang befindliche Literaturliste.

Im September 2016, die Wahl des Präsidenten von Amerika war im Endspurt und alle Fachleute sagten einen Sieg von Frau Clinton voraus. In dieser doch etwas ungewissen Zeit habe ich mich intensiver mit dem Thema Europa, seiner Politik und seinen Bürgern beschäftigt. Irgendetwas sagte mir, dass dieses Thema viel zu wenig in Deutschland bearbeitet wurde und wenn, dann war es negativ besetzt. Nur die Populisten der AfD waren mit ihren negativen Schlagzeilen zur Flüchtlingspolitik und der allgemeinen Politik der EU sehr aktiv. Aber das Thema Europa ist viel zu wichtig um es den Populisten für ihre abstruse Propaganda zu überlassen. Also habe ich mich sehr intensiv damit beschäftigt und dieses Buch ist meine Quintessenz.

Im Februar 2017, Donald Trump ist neuer Präsident der Vereinigten Staaten von Amerika, und hat in den ersten Tagen seiner Amtszeit mehr Demonstrationen ausgelöst, als je ein Präsident vor ihm.
Aber was hatten die Fachleute nochmal gesagt – Frau Clinton wird die Wahl gewinnen? Vielleicht waren es auch die gleichen Fachleute die gesagt haben, dass der Euro die Staaten in Europa mehr zusammenrücken lässt. Oder die gleichen Fachleute die gesagt haben, dass der Staat sich aus der Finanzwelt und der Wirtschaft heraushalten soll, der Markt regelt es ganz alleine. Diese Reihe von falschen Aussagen, Ignoranz und Arroganz der Macht lässt sich noch um viele Fälle erweitern.
Ich bin keiner der sogenannten Fachleute, sondern ein ganz normaler Bürger, der mit 59 Lebensjahren einige Lebenserfahrungen gesammelt hat und ohne zum Kreis der Fachleute zu gehören, habe ich zum Thema Europa meine - sehr gefestigte - Meinung. Mit diesem Buch und den darin enthaltenen Thesen

möchte ich zum Nachdenken, diskutieren, streiten und hoffentlich zu einem guten Ergebnis, zu Lust auf mehr Europa anregen. Mir ist unser Europa sehr wichtig! Es ist zwar das bisher beste Europa in der Geschichte, aber wir können uns darauf nicht ausruhen, sondern müssen unser Europa immer weiterentwickeln und für die Zukunft fit machen. Denn wenn wir derzeit genauer hinsehen, bietet die europäische Union keinen schönen Anblick. Da nützt auch keine Schönfärberei von Herrn Juncker, wie in seiner Grundsatzrede vom September 2017 geschehen.

Der Zustand der europäischen Union ist mit dem Begriff desolat noch freundlich beschrieben. Die einzelnen Nationalstaaten triften immer mehr auseinander als das sie zusammenwachsen, so wie es die Gründerväter sich vorgestellt hatten.
Die Einführung des Euro hat keinen Vorteil für das Zusammenwachsen der einzelnen Staaten bewirkt. Im Gegenteil, die Unterschiede wurden immer deutlicher und spätestens mit der Weltwirtschaftskrise von 2008 ist erkennbar, dass der Euro, so wie jetzt damit verfahren wird, gescheitert ist. Joseph Stiglitz der renommierte Nobelpreisträger für Wirtschaft, hat dies bereits in seinem Buch „Europa spart sich kaputt" hinreichend und umfassend beschrieben.
Die wirtschaftlichen Zustände in den einzelnen Nationalstaaten werden zunehmend schlechter. Von einer Erholung oder sogar einer Verbesserung nach der Wirtschaftskrise von 2008 sind wir weit entfernt. Selbst im vermeintlich starken Deutschland ist keine

Verbesserung zu erkennen, auch wenn dessen Außenhandelsbilanz stetig steigt.

Vielen Bürgern in der europäischen Union geht es wirtschaftlich und sozial sehr schlecht. Die einzelnen Nationalstaaten schotten sich gegeneinander ab und durch gegenseitige Schuldzuweisungen werden die Differenzen immer deutlicher. Das beste Beispiel hierzu ist Griechenland, wo die europäische Union ihre Chancen verpasst hat, unter Beweis zu stellen, dass wir in Krisenzeiten zusammenstehen. Aber mehr als ein Spardiktat und förmliche Erpressung zu repressiven Zwangsreformen ist nicht viel für die Menschen in Griechenland getan worden.

Es gibt weder eine gemeinsame Außenpolitik, keine gemeinsame Verteidigungspolitik noch eine gemeinsame Strategie wie die jetzigen vielfältigen Probleme gelöst werden können. Die Menschen sind zum Teil wütend und haben das Vertrauen in die Regierenden verloren. Aber Wut ist nach John Strelecky immer eine Manifestation von Angst. Angst, berechtigt oder nicht, ist weder ein guter Ratgeber, noch erleichtert sie den Blick auf das Wesentliche und das Wirkliche. Eine bessere Zukunft kann eigentlich nur beginnen, wenn die Angst der Begeisterung weicht.

Die populistischen Kräfte in Europa und die Skeptiker der europäischen Union gewinnen immer mehr Anhänger, wie durch den Brexit und die Wahlergebnisse in 2016 eindrucksvoll belegt wurden. Sie schüren weiter die Angst, denn damit fangen sie ihre Stimmen. In einigen Nationalstaaten der EU (z. B. Ungarn und Polen) wurden rechtsgerichtete Regierungen gewählt, die keinen Hehl daraus machen, dass sie diese EU nicht wollen und lieber mehr ihre nationale Identität in den Vordergrund stellen. Auch wenn vorerst dieser Trend gestoppt wurde – die Wahlen in den Niederlanden und Frankreich im Frühjahr 2017 haben dies gezeigt - leben dennoch in diesen und auch in allen anderen Nationalstaaten eine Menge von Bürgern, die solche Parteien unterstützen. Bürger, die also Angst haben etwas zu verlieren oder noch mehr zu verlieren. Die sich in diesem jetzigen Europa politisch nicht vertreten fühlen. Die sehen wie Banken und Großunternehmen gerettet werden und sie auf der Strecke bleiben. Klar, dass solche Menschen leicht den populistischen Kräften folgen, diese bieten ja (vermeintliche) einfache Lösungen an. Das wird verstanden, das wird dann gerne geglaubt.

Die kleinen Nationalstaaten fühlen sich durch die größeren benachteiligt und unterdrückt. Von Demokratie und Gleichberechtigung der Nationalstaaten sind wir weit entfernt. Es droht, dass wir die Idee eines geeinten Europas den Nationalismen, der Kleinstaaterei opfern und wieder in alte Bedrohungslagen kommen. Es kommt bereits zu Zusammenschlüssen einzelner Länder, um sich besser gegen die großen und wirtschaftlich stärkeren Länder in Position zu bringen. Immer wieder steht dabei Deutschland im Zentrum der Kritik und das nicht unberechtigt.

Zusammenfassend haben sich die Politik und die damit verbundenen Politiker der Europäischen Union und der Nationalstaaten nicht für das Wohl der Bürger, sondern nur für das Wohl der Wirtschafts- und Finanzwelt eingesetzt. Der Grundsatz: Gewinne zu kapitalisieren und Verluste zu sozialisieren wurden bis in letzter Konsequenz gelebt. Selbst auf die Gefahr hin, wie im Falle Griechenlands, ein ganzes Land in die Insolvenz zu treiben. Der Glaube an das bisherige System der neoliberalen Wirtschaft hat die in sie gesetzten Hoffnungen nicht erfüllt. Das Gemeinwohl der Bürger in Europa - und zwar in allen Regionen – muss im Vordergrund stehen und nicht die Wirtschafts- und Finanzwelt.

Das ist alles Utopie! Das wird doch nichts! So reden werden bestimmt viele, aber wenn wir die Einheit in Europa wirklich umsetzen wollen, muss sich vieles grundlegend ändern. Die Menschen in Europa müssen auch merken, dass es sich lohnt, in diesem Europa zu leben und am Wohlstand teilzuhaben. Das Demokratie ernst genommen wird und alle Menschen in Europa dies auch erkennen können. Dann weicht auch die Angst der Bürger und wird durch die Begeisterung ersetzt! Ich sage nicht, dass es einfach wird. Es ist ein langer, steiniger und komplexer Weg. Aber für mich lohnt es sich! Das ist mir mein Europa wert!

Das ist es mir auch für unsere Nachkommen wert, denn sie sind die Erben unserer jetzigen Politik!

Es ist Zeit für ein neues Europa! Es ist Zeit für eine Republik Europa!

2048 - Europa wird eine Republik!

Die 95 Thesen wie es erreicht werden kann.

Kapitel 1

1. These

Die Menschen in Europa an sich, wollen mit Sicherheit keinen Krieg mehr. Sie wollen selbstbestimmt in Frieden, Freiheit und Würde leben. Die Würde des Menschen ist dabei unantastbar.

The People of Europe themselves, do not want war anymore. They want to live in peace, freedom and dignity. The human dignity is inviolable.

2. These

Die Europäische Union in ihrer derzeitigen Form und Aufstellung, ist nicht in der Lage, das Wohl ihrer Bürger zu sichern und auf die vielfältigen globalen

Ereignisse und Zusammenhänge angemessen zu reagieren. Sie erfüllt nicht die demokratischen Anforderungen an einen Staat und ist in Teilen ihrer Exekutiven (EU – Kommission) demokratisch nicht legitimiert.

The European Union in her present form and constellation, is not able to protect the welfare of her citizens and to react appropriately to the varied global events and connections. She does not fulfil the democratic demands for a state and is not legitimised in parts of her executives (the EU – commission) democratically.

3. These

Die Einführung des Euro ist ohne den nötigen politischen Rückhalt und den notwendigen Regelungen eingeführt worden. Einzelne Nationalstaaten dominieren die Inhalte der Wirtschafts- und Finanzpolitik, ohne demokratisch dazu legitimiert zu sein. Nationalstaatliche Eigeninteressen stehen im Vordergrund. Das Zusammenwachsen der Nationalstaaten ist nicht erfolgt. Eher das Gegenteil.

The Euro has been introduced without the necessary political support and regulations. Single Nation states dominate the content of the economic and financial policy without being legitimated democratically for that. The Self-interests of a Nation-state are is the dominating factor. The fusion of the Nation states has not occurred. Rather the opposite.

4. These

Um das Zusammenleben in Europa besser zu gestalten, ohne dabei einzelne Regionen zu benachteiligen, ist die Entstehung einer Republik Europa die Antwort auf die berechtigten Fragen der Bürger in Europa. Demokratie und das Wohl der Bürger in Europa würden zum Leitbild des Zusammenlebens.

To improve the coexistence in Europe, without disadvantaging single regions, the development of a Republic Europe is the answer to the entitled questions of the citizen in Europe. Democracy and the welfare of the citizens in Europe would become the model of a communal life.

5. These

Die Republik Europa entsteht grundsätzlich auf dem Territorium der jetzigen 27 Mitgliedsstaaten der europäischen Union. Für diese Staaten ist die Zugehörigkeit zur Republik Europa freiwillig und muss in einer Volksabstimmung bestätigt werden. Die Republik Europa kann erweitert werden, um die Staaten, die zum Kontinent Europa zählen. Der Antrag muss von diesen Staaten formell gestellt werden. Das Verfahren regelt ein Gesetz.

The Republic Europe basically arises on the territory of current 27 member states of the European Union. The membership to the Republic Europe is voluntary for those states and must be confirmed through a plebiscite. The Republic Europe can be expanded, by the states, count to the continent of Europe. The application must be made formally by those states. The process regulates a law.

6. These

Für die dazu notwendige Willensbildung muss ausreichend Zeit vorhanden sein. In allen dafür in Frage kommenden Nationalstaaten müssen die Pläne intensiv und transparent vorgestellt, besprochen und entschieden werden.

There has to be enough time for the necessary decision-making process. In every appropriate Nation states the plans must be introduced intensely and clear and also be discussed and decided.

7. These

Die in dieser Zeit gewonnenen Erkenntnisse und auch Bedenken werden in die Planungen eingearbeitet und berücksichtigt. Die Bürger in den Nationalstaaten müssen ernst genommen und an der Gründung der Republik Europa beteiligt sein, denn es ist ihre Republik!

The knowledge and concerns won during that time will be considered and used while planning. The citizens in the Nation states must be taken serious and be involved in the foundation of the Republic Europe, because it is their Republic!

8. These

Die Republik Europa gibt sich eine Verfassung. Dabei werden die wichtigsten Grundsätze aus allen Verfassungen der jetzigen Nationalstaaten berücksichtigt. Hierzu wird eine Kommission ernannt, die aus Vertretern aller Nationalstaaten besteht. Dabei werden die gesellschaftlichen Belange mit berücksichtigt.

The Republic Europe gives itself a constitution. The most important principles from all constitutions of the current Nation states will be considered for that. Moreover, a commission, which exists of representatives of all Nation states, will be appointed and the social interests will be considered.

9. These

Der europäische Gerichtshof (EUGH) ist der Hüter der Verfassung.

The European court of law (ECJ) is the guardian of the constitution.

10. These

Für das Zusammenleben in der europäischen Republik werden die Nationalstaaten nicht mehr benötigt. Die Regionen, in denen die Menschen leben, sind für das Zusammenleben der Menschen, unter Beachtung des Gemeinwohles, verantwortlich.

For the coexistence in the European Republic the Nation states are no longer required. The regions, in which the people are living, are responsible cohabitation of the people, considering the public welfare.

11. These

Jede Region ist weitestgehend eigenständig und kann ihre regionalen Besonderheiten und Sprachen leben. Sie können regionale Gesetze erlassen und eigene Steuern erheben, sofern diese nicht gegen die Verfassung und Gesetze der Republik Europa verstoßen.

Every region is independent to a great extent and can live their regional specialities and languages. They can legislate regional laws and raise their own taxes, provided that these do not offend the constitution and laws of the Republic Europe.

12. These

Die Republik Europa ist somit ein föderales System. Als Leitmotiv gilt der Grundsatz: so viel wie möglich die Eigenständigkeit der Regionen zu fördern und so viel wie nötig von der Zentralregierung einzufordern. Dabei ist zu beachten, dass keine Kleinstaaterei entsteht.

Therefore the Republic Europe is a federal system. The guiding theme is the principle: to promote the independence of the regions as much as possible and to demand so much as necessary from the central government. It has to be noted that no scattered regionalism develops.

13. These

Zur Festsetzung der Regionen werden in allen teilnehmenden nationalen Staaten Kommissionen gegründet, die die Anzahl und Namen der Regionen benennen. Bei grenzüberschreitenden Regionen ist auf bilateralem Wege eine Einigung herzustellen. Die Festlegungen sind durch Volksabstimmungen zu bestätigen.

To establish the regions, commissions, who name the number and name of the regions, are founded in all participant national states. Transboundary regions have to arrange agreements in a bilateral way. The specifications have to be confirmed through a referendum.

14. These

Um eine klare Regelung für die Kompetenzen der Regionen zu schaffen, wird eine Kommission ernannt, die aus Vertretern aller Regionen besteht. Dabei werden die gesellschaftlichen Belange der einzelnen Regionen mit berücksichtigt. Die Regionen entsenden dazu jeweils 3 Personen ihres Vertrauens.

To create a clear regulation for the competence of the regions, a commission, which exists out of representatives from all regions, is appointed. In the course of this, the social interests of each region is considered. Therefore, each region provides 3 people of their trust.

15. These

Die Beziehung der Regionen untereinander ist solidarisch. Es erfolgt daher ein stetiger wirtschaftlicher und fiskalischer Austausch unter den Regionen. Alle Regionen sollen von der Republik Europa profitieren.

The relationship within the regions is solidary. Therefore, there is a steady economic and fiscal exchange within the regions. All regions should profit from the Republic Europe.

16. These

Für die Umsetzung und Steuerung aller Maßnahmen zur Gründung der Republik Europa, wird eine eigene Koordinierungsgruppe gegründet. Sie fasst alle Ergebnisse der Kommissionen zusammen, veröffentlicht sie und steht den eingesetzten Kommissionen beratend zur Seite. Sie untersteht der Kontrolle durch das jetzige europäische Parlament.

For the realization and control of all measures which are needed for the foundation of the Republic Europe, a coordination group is founded. It summarises all results of the commissions, publishes those and assists the used commissions advisory. It is under the control of the current European parliament.

17. These

Damit alle Bürger auf dem zukünftigen Gebiet der Republik Europa umfassend und transparent infor-

miert werden, sind alle Ergebnisse (auch Zwischenergebnisse) in einem Online – Portal einzupflegen.
Hierfür ist die Koordinierungsgruppe verantwortlich.

*To inform all citizens of the future area of the Re-
public Europe extensively and clear, all results –
even intermediate results- have to be published on
an online portal. A coordination group will responsible for that.*

18. These

Alle auf dem Gebiet der Republik Europa lebenden
Menschen sind gleich, egal welcher Herkunft, Geschlecht, religiöser Ausübung oder sexuellen Lebensauffassung sie sind.

*Every person, living on the area of the Republic Eu-
rope is the same, no matter which origin, gender,
religion or sexual philosophy they are.*

19. These

Alle Bürger in der Republik Europa haben die gleichen Rechte im Sinne der UN-Charta, aber auch die
gleichen Pflichten. Diese basieren auf der Grundlage
der 19 Artikel der Menschenpflichten, die am
01.09.1997 der UN vorgelegt wurden.

*All citizens in the Republic Europe have equal rights
in terms of the UN charter, but they also have the
same duties. Those are based on the basis of the 19
articles of the human duties which were presented
to the UN on the 01. 09. 1997.*

20. These

Die sprachliche Vielfalt in Europa ist ein Geschenk und wird auch in der Zukunft bewahrt und gefördert. Für das Zusammenleben in Europa ist jedoch eine gemeinsame Sprache notwendig, um mit einer Stimme alles zu besprechen.

The linguistic diversity in Europe is a present and has to be preserved and promoted in the future. Nevertheless, a common language is necessary for the coexisting in Europe, so everything can be discuss with one voice.

21. These

Englisch wird als Staatssprache ernannt. In allen Regionen werden die Lehrpläne der Schulen entsprechend angepasst. Wie viele Sprachen insgesamt in Bildungseinrichtungen angeboten werden, liegt in der Verantwortung der Regionen. Auch die frühkindliche Erziehung erfolgt zweisprachig.

English will be appointed as the main language in the state. In all regions, the school curriculums have to adapted accordingly. How many languages are offered all together in an educational institution, lies in the responsibility of the regions. Also, the early childhood education occurs in two languages.

22. These

In der Republik besteht eine dreiteilige Gewaltentrennung in Legislative, Judikative und Exekutive.

*In the Republic a tripartite separation of powers
exists in the legislative, judiciary and executive.*

23. These

Die Legislative besteht aus dem Parlament und dem
Senat. Sie werden direkt durch das Volk gewählt.

*The legislative exist out of the parliament and the
senate. They are voted directly through the people.*

24. These

Der Senat wird über die regionalen Wahlen gewählt.
Jede Region entsendet 1 Senator/in. Hierdurch ist
die Gleichheit aller Regionen gewahrt, unabhängig
ihrer Größe. Beide Wahlen finden alle fünf Jahre am
gleichen Termin statt.

*The senate is chosen through regional elections.
Every region sends 1 senator. Through this the equa-
lity of all regions is maintained, independently of
their size. Both elections take place at the same time
every five years.*

25. These

Die Zentralregierung der europäischen Republik wird durch das Parlament gewählt.

The central government of the European Republic is voted by the parliament.

26. These

Die Republik Europa hat als Staatsoberhaupt eine/n Präsidentin/en. Diese/r wird durch die Bürger der Republik Europa direkt gewählt. Die Wahlperiode dauert fünf Jahre.

The Republic Europe has a president as the head of state. The president is voted directly by the citizens of the Republic Europe. The legislative period lasts five years.

27. These

Es erfolgt eine Trennung zwischen Staat und den Kirchen. Das Konkordat ist grundsätzlich aufgehoben. Die Regionen können aber mit den Kirchen/ Religionsgemeinschaften eigene Vereinbarungen treffen. Diese sind jedoch mit einer Volksabstimmung zu bestätigen.

There will be a separation between state and church. The Konkordat is basically lifted. However, the regions can make their own arrangements with the church/ religious community. These arrangements have to be confirmed through a referendum.

28. These

Die europäische Republik schützt ihre Bewohner. Sie ist für die äußere und innere Sicherheit zuständig. Hierzu wird es eine einheitliche Armee und Polizei geben. Beide werden aus allen Bürgern der verschiedenen Regionen zusammengestellt.

The European Republic protects their residents. It is responsible for the external and internal security. Therefore a uniform army and police will exist. Both will consist out of all the citizens from the different regions.

29. These

Für den inneren Schutz wird eine zweigeteilte Polizei zusammengestellt. Für die regionale Polizei sind die Regionen zuständig und für Europol die Europäische Regierung. Ausrüstung, Ausstattung, Sprache und Datensysteme sind in beiden „gleich" und vernetzt.

For the inner protection a bipartite police will be put together. For the regional police the regions themselves are responsible and for Europol the European government. Equipment, language and data systems will be the same in both unities and also linked.

30. These

Für den Schutz der äußeren Grenzen wird eine polizeiliche Grenzschutzeinheit gebildet. Sie besteht ausschließlich aus Bürgern der europäischen Republik. Sie hat eine einheitliche Ausrüstung und ein einheitliches Datensystem und ist mit den anderen polizeilichen Einheiten vernetzt.

For the protection of the outer borders a border police unity will be formed. It will exists exclusively out of citizens of the European Republic. It will have uniform equipment and a uniform data system through which they will be linked with other police units.

31. These

Gegen den Schutz vor Angriffen von außen und zur Vertretung der militärischen Interessen im Ausland wird eine Armee mit gleicher Ausbildung und Ausstattung bei gleicher Sprache gegründet. Sie ist eine Freiwilligenarmee und besteht aus Bürgern der europäischen Republik. Zur Bewaffnung werden vorrangig eigene Waffensysteme erstellt und genutzt. Es wird eine absolute Unabhängigkeit angestrebt.

Against for the protection of attacks from the outside and for the representation of military interests abroad, an army with the same education, equipment and language will be founded. It will be a voluntary army that exists out of citizens of the European Republic. For arming, priority will be given to an individual weapon system that will be provided and used. An absolute independence is aimed.

32. These

Es besteht ein Asylrecht auf der Grundlage der UNO-Menschrechtscharta.

There will be a right of asylum on the basis of the UN-human right charter.

33. These

An den Grenzen werden Einwanderungszentren gegründet. Hier werden die Menschen registriert, versorgt und über das Asylverfahren abschließend entschieden. In den Zentren werden alle erforderlichen Infrastrukturen errichtet, wie z.B. Schulen und Krankenstationen. Näheres wird in Zusammenarbeit mit der UNHCR beschlossen.

On the borders immigration centres will be founded. It's where the people will be registered, supplied and decisions on the asylum procedure will be finalised. All necessary infrastructures will be established in those centres, for example schools and infirmary's. Further details will be decided in cooperation with the UNHCR.

34. These

Nach positivem Abschluss des Asylverfahrens werden die Regionen entsprechend mit ihren Möglichkeiten an der Verteilung der Menschen beteiligt.
Auch hier gilt die Solidarität zwischen den Regionen.

Auf Familienzusammenführung wird geachtet.

After a positive finalization of the asylum procedure, regions will be involved in taking people in, according to their possibilities. The solidarity between the regions is valid in here as well. Family reunification it is respected.

35. These

Die Republik Europa ist ein Einwanderungsland. Daher werden feste Einwanderungsquoten pro Jahr, nach festgelegten Regeln, erlassen. Die Voraussetzungen für die Einwanderung werden klar definiert und entsprechende Regelungen festlegt. Damit Asylsuchende, Flüchtlinge und Einwanderer klare Vorgaben und Möglichkeiten haben.

The Republic Europe is a country with an open immigration policy. Therefore, there will be a firm immigration quota per year, according to agreed rules. The conditions for the immigration are defined clearly and equivalent rules decided. So that asylumseekers, refugees and immigrants have clear requirements and possibilities.

36. These

Damit kein weiterer unkontrollierter Zustrom von Flüchtlingen entsteht, sind Hilfen in den Staaten, aus denen die Flüchtlinge kommen, unerlässlich. Die Entwicklungshilfe für diese Länder ist dahingehend anzupassen. In Konfliktgebieten werden die Nach-

barstaaten unterstützt, wenn sie Flüchtlinge aufnehmen.

*So that no further uncontrolled stream of refugees
develops, help from the states of the refugees heri-
tage is essential. Therefore, the development aid for
those countries has to be adapted. In conflicted
areas, neighbouring states will be supported if they
take in refugees.*

37. These

Die Republik Europa ist für das Gemeinwohl verantwortlich und stellt alle dafür benötigten Ressourcen zur Verfügung, um das Gemeinwohl zu stärken und zu verfestigen.

*The Republic Europe is responsible for the public
welfare and provides all resources that are needed
to strengthen the public welfare.*

38. These

Zum Gemeinwohl zählt alle Infrastruktur wie Wasser, Strom, Straßen, Schienen, Wasserstraßen, Flughäfen, Ausbildungsstätten und Wohnungen für Alle.
Sie sind Aufgabe des Staates und können (mit Ausnahme bei den betrieblichen Ausbildungen) nicht in
private Hände weitergegeben werden.

*All infrastructure like water, electricity, streets, rails,
waterways, airports, training centres and flats count
as public welfare. They are a responsibility of the*

state and cannot be transmitted (with the exception of with the operational education) in private hands.

39. These

Staatliche Betriebe übernehmen die gesamte Infrastruktur und investieren in die Modernisierung. Es darf nur kostendeckend, aber unter strikter Einhaltung der Effizienz gewirtschaftet werden. Gewinnmaximierung ist nicht das Ziel – sondern Stärkung des Allgemeinwohles und der Binnenwirtschaft.

State-owned companies take over the whole infrastructure and invest in the modernisation. It may be economised only without a loss, but under strict observance of the efficiency. Profit maximisation is not the aim – but strengthening of the public welfare and the domestic economy.

40. These

Die Handlungen aller staatlichen Verwaltungen und Betriebe richten sich nach dem Gemeinwohl aus. Sie sind öffentlich, transparent und nachvollziehbar begründet.

The actions of all state administrations and companies focus on the public welfare. They are public transparent and understandably justified.

41. These

Der öffentliche Nahverkehr ist Sache des Staates und ist dem Individualverkehr vorzuziehen. Private

Unternehmen können jedoch im Auftrag des Staates an der Umsetzung beteiligt, bzw. beauftragt werden. Sie unterliegen jedoch der strengen Kontrolle durch die beauftragende Verwaltung.

The local public transportation is a matter of the state and is to be preferred to the individual traffic. Nevertheless, private companies can be hired for the implementation by the state. They are subjected to the strict control of the assigning administration.

42. These

Die Klimaschutzvereinbarungen sind ein wichtiges Ziel und werden auch eingehalten. Der Ausbau der regenerativen Energien wird gefördert. Dabei werden alle Belange des Natur-, Umweltschutz und der Bürger in der Republik Europa beachtet. Das Gemeinwohl hat Vorrang.

The climate protection arrangements are an important aim and will be kept. The expansion of the regenerative energy will be promoted. All concerns of nature, environment protection and the citizen will be considered in the Republic Europe. The public welfare has priority.

43. These

Zum besonderen Anreiz die Klimaziele zu erreichen, wird eine Kohlenstoffsteuer eingeführt. Die Einnahmen werden in der Forschung zum Ausbau der regenerativen Energien genutzt.

As a special incentive to reach the climate goals, a carbon tax will be introduced. The income will be used for the research of the removal of regenerative energy.

44. These

Die Definition der Arbeit und ihrer Wertstellung muss sich am Gemeinwohl orientieren. Arbeit und Erziehung von Kindern innerhalb der Familien muss besonders beachtet werden.

The definition of the work and it's validity should orientate on the public welfare. Work and upbringing of children within families must be considered particularly.

45. These

Zur Förderung der Familien und als Ausgleich für die erhöhten Aufwendungen und Einschränkungen wir in der gesamten Republik Europa ein einheitliches Kindergeld nach dem Sozialrecht gezahlt.

For the support of the families and a compensation for the raised expenditures and restrictions a consistent child allowance will be paid in the whole Republic Europe according to the social right.

46. These

Die frühkindliche Erziehung durch die Eltern wird besonders gefördert. Hierzu wird ein einheitliches Elterngeld für maximal 3 Jahr gezahlt. Die Höhe wird in einer Kommission festgelegt.

The early childhood development by the parents will be particularly promoted. Therefore a uniform parent money will be paid for a maximum 3 years. The height will be set by a commission.

47. These

Die erziehenden Eltern erhalten einen Rechtsanspruch auf ihren Arbeitsplatz.

The upbringing parents will receive a legal entitlement for their job.

48. These

Alle Ausbildung (Kindergarten, Schule, Universität, Erwachsenenbildung und berufliche Ausbildung) ist Gemeinwohl und somit ist der Staat dafür zuständig.

All education (kindergarten, school, university, adult education and apprenticeship) is a commonweal and therefore the responsibility of the state.

49. These

Bürger: jeder Mensch der auf dem Gebiet der Republik Europa geboren wurde, ist automatisch ein Bürger der Republik Europa. Menschen in den verschiedenen Regionen, mit einem Aufenthaltsgrund, können einen Antrag auf Einbürgerung stellen, wenn sie sich mindestens fünf Jahre straffrei auf dem Gebiet der Republik Europa aufgehalten haben.

Citizen: every person that was born in the area of the Republic Europe, is automatically a citizen of the Republic Europe. People in the different regions, with a reason to stay, can apply for naturalisation, if they have stayed at least five years impunity in the area of the Republic Europe.

50. These

Jeder Bürger der Republik Europa kann nur eine Staatsangehörigkeit besitzen.

Every citizen of the Republic Europe can own only one nationality.

51. These

Jeder Bürger der Republik kann sich auf dem gesamten Gebiet der Republik Europa niederlassen, wo er möchte.

Every citizen of the Republic can settle down where they, want in the whole area of the Republic Europe.

52. These

Jeder Bürger der Republik Europa hat ein Recht auf ein Grundeinkommen.

Every citizen of the Republic Europe has a right on a basic income.

53. These

In allen Regionen der Republik Europa gibt es einen einheitlichen Mindestlohn. Dieser Mindestlohn wird von einem Gremium aus Arbeitgebern, Arbeitnehmern und dem Parlament festgesetzt und wird alle zwei Jahre auf die angemessene Höhe hin überprüft.

There is a uniform minimum wage in all regions of the Republic Europe. This minimum wage is appointed by a committee of employers, employees and the parliament and is checked every two years on the adequate height.

54. These

Jeder Bürger der Republik Europa hat ein Recht auf eine bezahlbare Wohnung. Der soziale Wohnungsbau wird nach einem strengen Maßstab gefördert. Dieser Maßstab wird von einer Kommission aus Vertretern der Mieter, Vermieter und des Staates festgelegt. Alle Regionen sind hierbei zu beteiligen.

Every citizen of the Republic Europe has a right on a payable apartment. The social house building will be promoted by a strict standard. The standard will be appointed by a commission which consists out of representatives of the tenants, renters and the state. All regions are to be involved on this occasion.

55. These

Jeder Bürger der Republik Europa hat ein Recht auf einen Arbeitsplatz.

Every citizen of the Republic Europe has the right of a job.

56. These

Jeder Bürger der Republik Europa hat ein Recht auf Bildung. Die Bildung ist für die Bürger der Republik Europa kostenfrei.

Every citizen of the Republic Europe has a right on education. The education is free for the citizens of the Republic Europe.

57. These

Alle erworbenen Schul-, Bildungs-, Studien- und Ausbildungsabschlüsse werden in der gesamten Republik Europa anerkannt. Lehrpläne und Prüfungen sind daher einheitlich zu gestalten.

All acquired school, educational, university and apprenticeship degrees will be accepted in the whole Republic Europe. Therefore curricula and tests will be designed uniform.

58. These

Es gibt in der gesamten Republik Europa eine einheitliche Schulbildung ohne permanente Änderungen im System. Starke und Schwache sind gleichberechtigt, aber unabhängig voneinander zu fördern.

In the whole Republic Europe is a uniform school education without permanent changes in the system. The strong and weak are treated equally, but will be educated and encouraged independent of each other.

59. These

In der gesamten Republik Europa wird eine einheitliche Arbeitslosenversicherung eingeführt. Die Beiträge werden von allen (Arbeiter, Angestellte, Selbständige und Arbeitgebern) in der gleichen prozentualen Höhe eingezahlt.

In the whole Republic Europe a uniform unemployment insurance will be introduced. The contributions will be deposited by everyone (worker, employees, self-employees and employers) with the same proportional amount.

60. These

Die bestehenden Arbeitslosenversicherungen in den jetzigen Nationalstaaten werden neu geordnet. Oberstes Ziel ist die Vollbeschäftigung in allen Regionen der Republik Europa

The existing unemployment insurances in the current national states will be newly ordered. The main goal is the full employment in every region in the Republic Europe.

61. These

Das Beste und Praktikabelste aus den bestehenden Arbeitslosenversicherungen aus allen Regionen der Republik Europa werden zur neuen Arbeitslosenversicherung zusammengefasst. Eine Kommission aus allen Regionen und spezialisierten Hochschulen der Republik Europa soll hierzu Vorschläge erarbeiten.

The best and most practicable from all the existing unemployment insurances from all regions of the Republic Europe will be summarised to the new unemployment insurance. A commission from all regions and specialized colleges of the Republic Europe should work out proposals for that.

62. These

In der gesamten Republik Europa wird eine gleiche Rentenversicherung eingeführt. Die Beiträge werden von allen (Arbeiter, Angestellte, Beamte; Selbständige) in der gleichen prozentualen Höhe eingezahlt.

Über die Höhe der Rente verständigt sich eine Kommission, die paritätisch besetzt, von der Regierung eingesetzt wird.

In the whole Republic Europe the same pension insurance will be introduced. The contributions will be deposited by everyone (worker, employees, officials; independent) by the same proportional amount. A commission, which is used by the government on a parity base, will advise about the amount of the pension.

63. These
Betriebliche, zusätzliche Altersvorsorgen und private Versicherungen sind weiterhin möglich. Sie können auch Bestandteil von Tarifvereinbarungen sein.

Buisness, additional old-age provisions and private assurances will still be possible. They can also be a component of labour agreements.

64. These

In der gesamten Republik Europa wird eine gleiche Krankenversicherung als Pflichtversicherung eingeführt. Die Beiträge werden von allen (Arbeiter, Angestellte, Beamte; Selbständige) in der gleichen prozentualen Höhe eingezahlt. Private, zusätzliche Versicherungen sind weiterhin möglich, werden aber nicht gefördert.

In the whole Republic Europe the same health insurance will be introduced as a mandatory assurance. The contributions will be deposited by everyone (worker, employees, officials; independent) by the same proportional amount. Private, additional assurances are still possible, however will not be promoted.

65. These

Die bestehenden Gesundheitswesen der jetzigen Nationalstaaten werden neu geordnet. Es gilt der Grundsatz: je weniger Menschen in der Republik Europa krank sind, desto besser hat das medizinische System gearbeitet und umso besser ist der Verdienst des medizinischen Personals.

The existing health service of the current Nation states will be ordered newly. It applies the principle: the less people are ill in the Republic Europe, the better the medical system has worked and the better is the salary of the medical staff.

66. These

Das Beste und Praktikabelste im Gesundheitswesen aus allen Regionen der Republik Europa werden zum neuen Gesundheitswesen zusammengefasst. Im Vordergrund steht der Mensch als Patient. Eine Kommission aus allen Regionen und spezialisierten Hochschulen der Republik Europa wird hierzu Vorschläge erarbeiten.

The best and most practicable from the health system from all regions of the Republic Europe will be summarised to a new health system. Most important is the human being as a patient. A commission from all regions and specified colleges of the Republic Europe will work out proposals for that.

67. These

In der gesamten Republik Europa wird eine gleiche Pflegeversicherung eingeführt. Die Beiträge werden von allen (Arbeiter, Angestellte, Beamte; Selbständige) in der gleichen prozentualen Höhe eingezahlt.

In the whole Republic Europe the same nursing assurance will be introduced. The contributions will be deposited by everyone (worker, employees, officials; independent) by the same proportional amount.

68. These

Die in den jetzigen Nationalstaaten bestehenden Pflegesysteme werden neu geordnet. Der Mensch als Patient und als Pflegepersonal steht im Vordergrund.

The current nursing systems in the Nation states will be rearranged. The human being as a patient and an orderly/nurse is the most important.

69. These

Das Beste und Praktikabelste in den bestehenden Pflegesystemen, aus allen Regionen der Republik Europa, werden zum neuen Pflegesystem zusammengefasst. Eine Kommission aus allen Regionen und spezialisierten Hochschulen der Republik Europa wird hierzu Vorschläge erarbeiten.

The best and most practicable from all the existing nursing systems, from all regions of the Republic Europe, will be summarised to the new nursing system. A commission from all regions and specified colleges of the Republic Europe will work out proposals for that.

70. These

Die Gesundheitsvorsorge und Pflege ist in allen Regionen der Republik Europa zu gewährleisten. Die Bereitstellung der dafür notwendigen Infrastruktur ist durch regionalen Verwaltungen sicherzustellen.

The health and nursing care will be guaranteed in all regions of the Republic Europe. The supply of the necessary infrastructure has to be guaranteed by regional management.

71. These

In der gesamten Republik Europa werden für die Bürger gleiche Steuersätze erhoben. Die Höhe und Staffelung der Steuersätze werden durch eine Kommission festgelegt. Dabei sind die vielfältigen Aufgaben der Republik Europa und das Solidarprinzip zu berücksichtigen. Die Kommission ist paritätisch besetzt und wird durch spezialisierte Hochschulen unterstützt. Den Regionen ist es möglich zusätzliche Steuersätze zu erheben.

The same tax rates will be raised for every citizen in the Republic Europe. The amount and progression rate of the tax rates will be set by a commission. For that, the varied duties of the Republic Europe and the Solidarprinzip have to be considered. The commission is equally manned and will be supported by specified colleges. It is possible for the regions to raise possible additional tax rates.

72. These

Für alle erzielten Kapitalerträge wird eine gesonderte Steuer erhoben. Die Höhe wird von der gleichen Kommission, wie in der 71. These beschrieben, festgesetzt.

For all achieved capital income a separate tax will be raised. The amount will be set by the same commission, as described in point 71.

73. These

In der Republik Europa gibt es nur eine Währung. Dies ist der Euro.

There is only one currency in the Republic Europe, the Euro.

74. These

Das Finanzsystem muss insgesamt gründlich durchdacht und reguliert werden. Es muss transparent, gegenüber jedem gleich gerecht und ohne Steuerschlupflöcher sein.

The financial system must be thought through and regulated thoroughly. It has to be transparent, equally fair with everybody and without tax loopholes.

75. These

Unternehmen mit Standorten auf dem Gebiet der Europäischen Republik werden auch hier besteuert. Nicht der Sitz ist maßgebend, sondern die Standorte. Jegliche Art von Steuerflucht ist zu unterbinden. Die Regelungen sind so zu treffen, dass Steuerschlupflöcher nicht entstehen können.

Companies with are located in the area of the European Republic will be taxed there. Not the (head) of the company is relevant, but the location. Any kind of tax escape is to be prevented. The arrangements have to be made in a way the tax loopholes cannot originate.

76. These

Die europäische Zentralbank untersteht der Aufsicht des Senates. Sie ist nicht nur für die Steuerung der Geldflüsse, sondern auch für die daraus entstehenden wirtschaftlichen Folgen verpflichtet. Insbesondere auf das Ziel der Vollbeschäftigung.

The European central bank reports to the supervision of the senate. It is not only responsible for the control of the money flow, but also for the economic results originating from it. In particular on the aim of the full employment.

77. These

Die Banken werden gründlich reguliert – Ausschluss von Risikospekulationen. Hohe Einlagensicherungen sind von den Banken selbst zu tätigen. Die Vorgaben werden durch die EZB geregelt. Im Falle von Zahlungsschwierigkeiten sind diese Rücklagen zu nutzen. Es gibt keine Rettung aus Steuermittel. Volle Haftung des Managements.

The banks are regulated thoroughly – exclusion from risk speculations. High deposit insurances are to be carried out by the banks themselves. The requirements will be regulated by the EZB. In case of payment difficulties these reserves will be used. There is no rescue through tax money. Full liability of the management.

78. These

Der Markt kann sich nicht selbst überlassen werden. Er muss sich nach den Prinzipien, eher eines modernen (sozialen) Kapitalismus, in Verbindung mit einem modernen Staat ausrichten. Das Ziel der Vollbeschäftigung steht im Vordergrund.

The market cannot be left to itself. The market has to adjust to the principles, rather of modern (social) capitalism, in connection with a modern state. The aim is a full employment.

79. These

In der gesamten Republik Europa sind die Atom – und Kohlekraftwerke durch regenerative Energien zu ersetzen und zurückzubauen. Weitere alternative Energien sind zu erforschen und zu nutzen, damit ein Versorgungsmix entsteht, der die Republik Europa unabhängig von anderen Staaten macht.

In the whole Republic Europe the atom and coal-fired power stations have to be replaced with regenerative energy. Other alternative energy have to be explored and use, so that a providing mix develops which will make the Republic Europe independent of other states.

80. These

Alternative Energien sind entsprechend der Möglichkeiten in den jeweiligen Regionen zu bündeln und auszubauen. Dabei ist der Schutz der Natur und der dort lebenden Menschen zu gewährleisten.

Alternative energy has to be bundled up and develop according to the possibilities of the respective regions. The protection of nature and people living in these regions has to be guaranteed.

81. These

Bei der Weiterleitung der gewonnenen Energie sind Erdkabel zu verwenden. Hierzu wird die Forschung intensiviert, um dem Bedarf gerecht zu werden und die Kosten zu senken.

The transfer of the won energy will be through underground cables. To do justice to the demand and to lower the costs the research will be intensified.

82. These

Der Individualverkehr ist auf Elektromobilität umzustellen. Hierzu wird umfangreiche Forschung betrieben, um einen besseren Ausbildungsstand auf diesem Gebiet zu erhalten.   Die Forschungseinheiten bilden dazu Kooperationen.

The individual traffic will be changed to electric mobility. For that, extensive research will be pursued to receive a better education in this area. The research units will therefore form co operations.

83. These

Die Zusammenarbeit von Universitäten und der Wirtschaft ist zu fördern.

The cooperation of universities and the economy has to be promoted.

84. These

Die Landwirtschaft wird reformiert. Überproduktion ist zu vermeiden. Die eigenständige Versorgung der Republik Europa ist zu gewährleisten.

The agriculture will be reformed. Overproduction has to be avoided. The independent caretaking of the Republic Europe has to be guaranteed.

85. These

Die Landwirte der Republik Europa müssen von ihren Produkten leben können.

The farmers of the Republic Europe must be able to live from their products.

86. These

Die Größe des Betriebes in der Viehwirtschaft hängt von der Möglichkeit der eigenen Futterherstellung ab. Hierzu können auch Kooperationen mit mehreren Landwirten geschlossen werden.

The size of a company in the cattle economy depends on the possibility of their own feed produc-

tion. For that co operations with several farmers can also be made.

87. These

Ehemalige, stillgelegte Agrarflächen werden wieder aktiviert. Dabei werden im Vorfeld die Flächen zu betriebswirtschaftlich sinnvollen Größen zusammengestellt.

Former, closed agrarian surfaces will be activated again. For that, the size of the economic meaningful area will be put together.

88. These

Die für die Landwirtschaft extrem wichtigen Insekten werden gesondert geschützt. Insbesondere sind hierbei die Bienen zu berücksichtigen.

Insects which are extremely important for the agriculture will especially be protected. Bees have to be considered particular in this case.

89. These

Die Macht der Agrarkonzerne ist zu beschränken. Es wird auf Vielfalt gesetzt und ein Monopol bei der Saatgutherstellung unterbunden.

The power of the agrarian groups has to be limited. Variety is targeted so that a monopoly in the seed production is prevented.

90. These

Die Würde des Tieres wird geachtet. Artgerechte Haltung, keine Tierversuche und tiergerechte Tötung sind zu beachten.

The dignity of the animals will be respected. Appropriate livestock farming, no bioassays and animal friendly killing, has to be respected.

91. These

Die Fischfangquoten werden strenger reglementiert. Als Ausgleich werden ökologische Aquakulturen gefördert.

The fishing rates will be strictly regulated. As a balance ecological aquacultures will be promoted.

92. These

Die Unterstützung wird nicht mehr pauschal nach der Größe des Betriebes gewährt, sondern ermisst sich nach einer Formel aus „Effektivität, Nutzen und Nachhaltigkeit". Die genaue Zusammensetzung der Formel wird in einer Kommission aus allen Regionen ermittelt.

The support is not granted inclusively after the size of the company, but estimated after a formula of „effectiveness, usefulness and sustainability". The exact composition of the formula is determined in a commission from all regions.

93. These

Zu Gemeinwohl in der Republik Europa zählt auch der Verbraucherschutz. Alle Lebensmittel sind ausreichend und inhaltlich vergleichbar zu kennzeichnen. Der Verbraucher muss klar und eindeutig die Inhaltsstoffe, die Herstellung und die Nährwerte erkennen können.

The consumer protection is also counted to the public welfare in the Republic Europe. All food has to be marked sufficiently and content comparably. The consumer must be able to recognise the ingredients, the production and the nutritional value clearly and unambiguously.

94. These

Die Grenzen der Schadstoffe werden von einer Kommission aus speziellen Hochschulen, Verbraucherschutzorganisationen und Umweltverbänden, aus allen Regionen der Republik Europa, in Zusammenarbeit mit der Zentralregierung festgesetzt. Das (Gemein) Wohl und die Gesundheit der Verbraucher stehen im Vordergrund.

The limits of the pollutants will be set by a commission from special colleges, consumer protection organisations and environmental associations, from all regions of the Republic Europe, in cooperation with the central government. Well-being and health of the consumers is the most important.

95. These

Für die Verbraucher in der Republik Europa wird eine zentrale Online - Plattform eingerichtet, in der alle Informationen zur gesunden Ernährung, den verschiedenen Herstellungsformen für Lebensmittel und den Erläuterungen zu den Schadstoffgrenzen, bereitgestellt werden. Neben den Informationen können hier auch Fragen von Bürgern zu diesen Themen gestellt werden. Die Plattform wird durch die Zentralregierung erstellt und von den Verbraucherschutzorganisationen begleitet.

For the consumers in the Republic Europe a central online platform will be established, in which all information about healthy food, the different forms of food production and explanations about pollutant limits will be provided. Beside the information citizens can ask questions about these subjects. The platform is provided by the central government and accompanied by the consumer protection organisations.

Kapitel 2

Die Republik Europa! Der Traum könnte wahr werden. Ich gebe zumindest die Hoffnung nicht auf. Daher habe mich dazu entschlossen, diese 95 Thesen zur Erreichung des Zieles einer „Republik Europa im Jahr 2048" zu verfassen und zur Diskussion zu stellen.

1. Die Menschen in Europa an sich, wollen mit Sicherheit keinen Krieg mehr. Sie wollen selbstbestimmt in Frieden, Freiheit und Würde leben. Die Würde des Menschen ist dabei unantastbar.

In Europa hat es über die Jahrhunderte eine Vielzahl von Kriegen gegeben, die Herrschende angefangen und die Bürger mit ihrem Leben bezahlt haben. Millionen von Menschen wurden getötet, verwundet und der Heimat beraubt. Nach dem zweiten Weltkrieg mit seinem unendlichen Leid haben sich zum ersten Mal die politisch verantwortlichen Menschen in Europa zusammengesetzt und beschlossen, dass es so etwas nie wieder geben darf. Eine weise Entscheidung. Die in Europa lebenden Menschen wollen nie wieder einen Krieg. Nein, sie wollen in Frieden, Freiheit und Würde leben.

Um diese Würde auch zu schützen, ist sie unantastbar und der erste Artikel in einer zukünftigen Verfassung in der Republik Europa. Denn die Würde des Menschen ist die Triebfeder für das gesamte Handeln in der Republik Europa und nicht nur ein Satz in der Verfassung.

Die Menschen wollen sich unter dem Schutz dieser Würde entfalten, ihre Fähigkeiten an einem guten Arbeitsplatz, mit fairer Bezahlung, nutzen und mit ihren Familien verbunden sein, egal in welchem Nationalstaat sie bislang leben. Nur bis jetzt sind die Chancen dazu sehr unterschiedlich verteilt. Es gibt ein deutliches Nord – Süd - Gefälle und in den Ländern im Osten Europas sind die Chancen schlechter als im Westen von Europa. Daher haben die Menschen in den einzelnen Nationalstaaten nicht die gleichen Chancen, ein Leben in Würde zu führen.

2. Die Europäische Union in ihrer derzeitigen Form und Aufstellung, ist nicht in der Lage, das Wohl ihrer Bürger zu sichern und auf die vielfältigen globalen Ereignisse und Zusammenhänge angemessen zu reagieren. Sie erfüllt nicht die demokratischen Anforderungen an einen Staat und ist in Teilen ihrer Exekutiven (EU – Kommission) demokratisch nicht legitimiert.

Die bestehende Europäische Union ist eine Wirtschafts- und Währungsunion (aber eher eine Bankenunion). Eine Vereinigung von Nationalstaaten, die einen minimalen Teil ihrer Souveränität an eine gemeinsame Verwaltung abgegeben haben. Das Parlament in der Europäischen Union wird zwar durch das Volk gewählt, hat aber vergleichsweise wenig zu bestimmen. Die eigentliche Politik wird in der Kommission getätigt. Diese wird aber nicht vom Volk gewählt, sie wird überhaupt nicht gewählt und schon gar nicht kontrolliert. Sachlich betrachtet, ist sie eine demokratisch nicht legitimierte Verwaltung, die aber die entscheidende Politik betreibt, die alle Bürger in Europa tangiert.

Solange es keine nennenswerten Schwierigkeiten gab, waren alle mit dieser Entwicklung zufrieden. Jetzt im Jahr 2017 sieht dies jedoch ganz anders aus. Seit Kriegsbeginn in Afghanistan, Irak und ganz besonders in Syrien, kam es zu einer riesigen Flüchtlingswelle. Griechenland und Italien sind mit dem Zustrom über das Mittelmeer massiv überfordert.
Die Länder auf dem Balkan – Balkanroute – sind auch nicht in der Lage, die Flüchtlinge aufzunehmen. Nur wenige Länder sind bereit, Flüchtlinge aufzunehmen. Manche nehmen gar keine auf. Die Solidarität der einzelnen Nationalstaaten ist äußerst gering. Die Europäische Union stellt ein Bild des Jammers dar. Nicht in der Lage diese Probleme auch nur annähernd zu lösen. Einzelne Nationalstaaten sind nach rechts abgerückt und betreiben offen eine Politik gegen die Werte der Europäischen Union. Die Bürger von Großbritannien haben den Austritt beschlossen und die Möglichkeit, dass noch weitere Nationalstaaten folgen, liegt im Bereich des Wahrscheinlichen.

Die Finanzkrise von 2008 hat bis heute noch ihre Auswirkungen. Länder wie Irland, Portugal, Spanien und vor allem Griechenland kämpfen immer noch mit ihrer desolaten wirtschaftlichen Situation und den hohen Arbeitslosenzahlen. Insbesondere bei den jungen Menschen sind die Arbeitslosenquoten sehr hoch. Auch in der Bewältigung dieser Krisen war die Europäische Union nicht in der Lage, die Probleme zu lösen. Zugegeben, es waren und sind keine leichten Krisen. Aber es bestanden bessere Lösungen als die Opfer der Krisen auch noch selbst dafür verantwortlich zu machen und mit Vorwürfen zu überhäufen. Griechenland, zum Beispiel, wurde regelrecht erpresst und zu Maßnahmen gezwungen, die nur eine Verschlechterung der Lage bringen. Die Banken, die diese Krise verursacht haben, wurden gerettet und die Bürger mussten die Kosten tragen. Das typische Spiel des raffgierigen Kapitalismus: Gewinne zu kapitalisieren und Verluste zu sozialisieren.

Die Bürger wurden in den jeweiligen Nationalstaaten mit Informationen und auch gezielt falschen Informationen versorgt, so dass ein Klima des Misstrauens und der Schuldzuweisungen entstand. Insbesondere europafeindliche Regierungen im Osten von Europa verbreiten unverhohlen Falschmeldungen in der eigenen Bevölkerung, um eine Stimmung für ihre eigenen innenpolitischen Interessen zu wecken, aber nutzen auf der anderen Seite alle Vorteile der Europäischen Union. Jeder war und ist sich selbst der Nächste. Eine parlamentarische Kontrolle der Kommission und auch durch die Kommission fanden in dieser Zeit nicht statt.

Das ist nicht im Sinne der Bürger in Europa!

3. Die Einführung des Euro ist ohne den nötigen politischen Rückhalt und den notwendigen Regelungen eingeführt worden. Einzelne Nationalstaaten dominieren die Inhalte der Wirtschafts- und Finanzpolitik, ohne demokratisch dazu legitimiert zu sein. Nationalstaatliche Eigeninteressen stehen im Vordergrund. Das Zusammenwachsen der Nationalstaaten ist nicht erfolgt. Eher das Gegenteil.

Bei der Einführung des Euro ging man davon aus, dass durch eine gemeinsame Währung auch eine gemeinsame Identität gefördert wird. Das Geld (die Wirtschaft) wird es wohl richten. Aber die Stabilitätskriterien einzelner Länder wurden geschönt. Bedenken auf unzureichende Regelungen aus dem Kreis von namhaften Ökonomen wurden nicht beachtet. Die Nationalstaaten wollten auch keine Kompetenzen an die Europäische Union – sprich der Europäischen Zentralbank, abgeben. Jeder wollte seine Finger im Geld behalten. Insbesondere die wirtschaftlich starken Länder wie Deutschland und Frankreich haben zu dieser Situation beigetragen und damit auch gefördert. Der Glaube an die neoliberale Wirtschaft war zu groß. Er war zum Gelingen verurteilt!

In der Wirtschaftskrise von 2008 wurde dieser Glaube zutiefst erschüttert. Gerade die neoliberale Wirtschaft war maßgeblich für diese Krise verantwortlich. In ihrer Gier nach mehr Profit, ist die Welt der Banken und Finanzmärkte weit über die sinnvollen wirtschaftlichen Grenzen hinausgegangen. Mangels Regelungen konnten die Regierungen und die Europäische Union nicht mehr eingreifen, sondern nur noch ihren Bankrott abwenden. Dies aber auf Kosten der Bürger in Europa. Auch hier haben die wirtschaftlich starken Länder, insbesondere Deutschland, maßgeblichen Anteil. Sie haben, auf Kosten der schwächeren Länder in der Europäischen Union, ihre eigenen Ansichten diktiert und viele Länder damit brüskiert. Da sind sie mal wieder – die Deutschen. Wir haben in Deutschland sogar damit Gewinne gemacht, auf Kosten z. B. der Bürger in Griechenland. Darauf sind die Politiker in unserem Land auch noch stolz. Aber sie vergessen ganz, was die gemeinsame Währung erwirken sollte und was auch ihr Auftrag dabei ist. Die grundsätzliche Idee einer gemeinsamen Währung ist ja nicht falsch, aber sie wurde nicht auf gesunde Beine gestellt und konnte daher das eigentliche Ziel einer engeren Beziehung (politische Union) zwischen den Nationalstaaten nicht erreichen.

4. Um das Zusammenleben in Europa besser zu gestalten, ohne dabei einzelne Regionen zu benachteiligen, ist die Entstehung einer Republik Europa die Antwort auf die berechtigten Fragen der Bürger in Europa. Demokratie und das Wohl der Bürger in Europa würden zum Leitbild des Zusammenlebens.

Dies ist doch eigentlich das Europa seiner Bürger. Dies ist das Europa der verschiedenen Regionen mit ihren wunderbaren Besonderheiten. Dies ist das Europa mit so wunderschönen vielfältigen Landschaften, wie kaum auf einem anderen Kontinent. Dieses Europa hat so vieles zu bieten und hat es verdient, dass wir mehr daraus machen als uns nur um unsere Banken zu kümmern.

In den letzten Jahren hat der Nationalismus in vielen Ländern Europas zugenommen. Es wird davon gesprochen, stolz z. B. ein Deutscher, ein Pole, Franzose oder Italiener zu sein. Aber was ist das ein Deutscher, Pole, Franzose, Italiener oder irgendein anderer Nationalstaat. Sind wir Bürger wirklich mit dem jeweiligen ganzen Land in Stolz verbunden? Da bin ich mir gar nicht so sicher.
Ich möchte dies an ein paar Beispielen verdeutlichen und beginne dabei mit meinem eigenen Land, mit Deutschland. Ist ein Bürger aus Bayern wirklich mit dem ganzen Land verwurzelt? Bezieht sich sein Stolz wirklich auf das ganze Land? Auf Nordfriesland? Auf Mecklenburg? Auf Berlin? Ich denke er ist eher mit

der Region in Bayern verbunden, in der er lebt. Er fühlt sich als Bayer, denn es ist seine Heimat, auf die er stolz ist. Und so geht es vermutlich jedem Bürger in Deutschland. Er ist in seiner Region verwurzelt. Da fühlt er sich wohl. Das ist seine Heimat auf die er stolz ist.

Ein Zweites Beispiel aus Italien. Ist der Südtiroler wirklich mit dem ganzen Land verbunden? Auch mit Sizilien? Ich denke nicht. Er fühlt sich eher mit seiner Heimat Tirol verbunden, denn das ist seine Heimat, auf die er stolz ist. Die Liste dieser oder ähnlicher Beispiele könnte sehr lange fortgesetzt werden. Nationalismus ist immer Abgrenzung und Ausgrenzung, niemals Zusammenwachsen!

Eine Republik Europa kann hier Abhilfe schaffen. Sie kann gleichberechtigte und weitestgehend autonome Regionen schaffen, die dem Wohl aller Bürger in den Regionen verpflichtet ist. Sie kann die derzeit wenig demokratische Europäische Union ablösen und eine wirkliche Demokratie in Europa gründen.

5. Die Republik Europa entsteht grundsätzlich auf dem Territorium der jetzigen 27 Mitgliedsstaaten der europäischen Union. Für diese Staaten ist die Zugehörigkeit zur Republik Europa freiwillig und muss in einer Volksabstimmung bestätigt werden. Die Republik Europa kann erweitert werden, um die Staaten, die zum Kontinent Europa zählen. Der Antrag muss von diesen Staaten formell gestellt werden. Das Verfahren regelt ein Gesetz.

(Abbildung 1 – Staaten die zum Kontinent Europa zählen – ohne Türkei und Russland)

Grundsätzlich sind damit natürlich die Staaten auf dem Kontinent Europa gemeint. Aber bereits bei dem Begriff Kontinent Europa kommt es unter den Experten zu unterschiedlichen Auslegungen, welche Nationen noch dazugehören. Gesichert sind auf jeden Fall die jetzigen 27 Mitgliedsstaaten der Europäischen Union einschließlich Großbritannien, obwohl es seinen Austritt aus der Europäischen Union erklärt hat. Aber eben auch alle anderen Nationen des Kontinents.

Alle Nationen, die zur Republik Europa gehören wollen, erklären ihren Beitritt freiwillig. In diesen Nationen muss vorher in einer Volksabstimmung über den Beitrittswillen abgestimmt werden. Der erste Schritt zu einem Mehr an Demokratie. Es ist wie bei jeder Volksabstimmung eine spannende Sache, wie es ausgeht. Und das Ergebnis wird auch nicht jedem gefallen, aber solch eine Entscheidung kann nicht einer politischen Kaste überlassen werden.

Aber ein Land, welches zu einem sehr kleinen Teil auch auf dem Kontinent Europa liegt, möchte ich nicht zu Europa rechnen. Seine Werte, seine politische Haltung, sein Umgang mit Demokratie und Meinungsfreiheit sind so weit weg von denen der anderen europäischen Nationalstaaten und geschweige von der zukünftigen Republik Europa. Dies ist die Türkei. In einem Referendum, egal ob es nun mit rechten Dingen zu ging oder nicht, hat das Volk einer präsidialen Diktatur zugestimmt und ist auf dem Weg die Todesstrafe einzuführen. Diesem Prozess ging ein gescheiterter Putschversuch – den ich vorbehaltslos verurteile – voraus. Er wurde jedoch von der türkischen Regierung und ganz besonders von ihrem Präsidenten Erdogan genutzt, alle und ich betone wirkliche alle unliebsamen Bürger zu entfernen. Sie werden in Gefängnissen und Lager gesteckt. Ihnen wird ein Prozess wegen Unterstützung einer terroristischen Vereinigung gemacht. Allerdings wurden bislang in keiner Weise, die Behauptungen im Zusammenhang mit dem Putsch, durch irgendwelche Beweise belegt. Es wird einfach behauptet. Das ist für mich einfach nur die Vorgehensweise einer Diktatur. Und der überwiegende Teil der Bevölkerung jubelt auch noch dazu. Das erinnert mich ein wenig an den Beginn der dunkelsten Zeit im Nazideutschland. Aber es zeigt mir, dass auch die Bürger dieses Landes nicht bereit sind, sich mit den humanistischen Werten der europäischen Länder zu identifizieren. Daher sehe ich keine Zugehörigkeit zu einer Republik Europa. Dies möchte ich auch von Anfang an den türkischen Bürgern sagen und nicht wie in der jetzigen EU über Jahrzehnte eine Hinhaltetaktik zu fahren.

6. Für die dazu notwendige Willensbildung muss ausreichend Zeit vorhanden sein. In allen dafür in Frage kommenden Nationalstaaten müssen die Pläne intensiv und transparent vorgestellt, besprochen und entschieden werden.

Für die Volksabstimmungen muss notwendigerweise eine Willensbildung vorausgehen, die ausreichend Zeit hat, um alle Bürger in den jeweiligen Nationalstaaten intensiv über die Republik Europa zu informieren. Die Pläne, wie der Weg dorthin ist, welche Veränderungen auf die Bürger zukommen und welche Vorteile, aber auch Nachteile es dabei hat. Alle Informationen sind absolut transparent. Die Bürger sind mündig genug darüber zu diskutieren und zu entscheiden. Als Informationsmaterial werden eine Internetplattform erstellt, Broschüren in den verschiedenen Landessprachen – immer mit der englischen Übersetzung, Unterrichtsmaterial und auch Multiplikatoren zur Verfügung gestellt. Die gesamte Koordination erfolgt in einer eigenen Arbeitsgruppe, die durch das jetzige europäische Parlament eingesetzt und auch geführt wird. Da es eine sehr wichtige Entscheidung ist, sollte meiner Meinung nach dazu eine Wahlpflicht (mit allen Konsequenzen, z.B. Sanktionen) bestehen und das Wahlalter auf 16 Jahre gesenkt werden. Es geht ja gerade um diese Generation, die dann in einer Republik Europa leben würde und daher unbedingt an dieser Entscheidung teilnehmen sollte.

7. Die in dieser Zeit gewonnenen Erkenntnisse und auch Bedenken werden in die Planungen eingearbeitet und berücksichtigt. Die Bürger in den Nationalstaaten müssen ernst genommen und an der Gründung der Republik Europa beteiligt sein, denn es ist ihre Republik!

In Europa fühlen sich die Bürger und dazu gehöre ich auch, nicht ernst genommen. Die Bürger werden übergangen. Handelsabkommen werden hinter verschlossenen Türen verhandelt. Der Geruch der Kungelei weht durch Europa. Die Kommission, der nicht demokratisch gewählte Teil der Europäischen Union, beschließt über die Köpfe der Bürger in Europa hinweg. Alles hinterlässt bei den Bürger ein ungutes Gefühl, bei mittlerweile einigen vielen sogar die totale Ablehnung.

Für die Republik Europa muss dies von Anfang an anders werden. Die Bürger müssen sich damit auseinandersetzen, darüber diskutieren und auch streiten. Vielleicht sogar dagegen demonstrieren. Aber dies ist alles wichtig, um eine Akzeptanz für die Republik Europa zu gewinnen. Nicht überstülpen sondern mitnehmen und auch mitgestalten. Jedem muss der Zugang zu der Internetplattform ermöglicht werden, um Kritiken, Verbesserungen aber vielleicht auch Lob zu übermitteln. Wichtige Einwände und Vorschläge müssen ihre Berücksichtigung finden. Dies kann niemals ein abgeschlossener Prozess sein. Sondern muss stets reflektiert und weiterentwickelt werden. Wenn dies auch noch auf der Grundlage des kategorischen Imperativs von Kant erfolgt, ist ein Erfolg möglich.

8. Die Republik Europa gibt sich eine Verfassung. Dabei werden die wichtigsten Grundsätze aus allen Verfassungen der jetzigen Nationalstaaten berücksichtigt. Hierzu wird eine Kommission ernannt, die aus Vertretern aller Nationalstaaten besteht. Dabei werden die gesellschaftlichen Belange mit berücksichtigt.

Eines der wichtigsten, wenn nicht sogar das wichtigste Element der Republik Europa, ist die Verfassung. Ich habe mir einige Verfassungen von Nationalstaaten angesehen und sie miteinander verglichen. Grundsätzlich sind sie sich sehr ähnlich und vertreten die Werte einer humanistischen Welt. Daher sollten aus allen Verfassungen der Nationalstaaten eine gemeinsame Verfassung für die Republik Europa erstellt werden. Hierzu wird eine Kommission aus allen Nationalstaaten gegründet. Jede Nation entsendet fünf ausgesuchte Persönlichkeiten, die nicht unbedingt Politiker oder Juristen sein müssen. Ein bereits bestehender Entwurf einer Verfassung kann als Grundlage dienen. Der Entwurf einer Verfassung dieser Kommission wird allen Bürgern zur Verfügung gestellt. In einem Bürgerentscheid, in allen potenziell teilnehmenden Nationalstaaten, wird dann über diese Verfassung entschieden. In der späteren gemeinsamen konstituierenden Sitzung von Parlament und Senat der Republik Europa wird dann diese Verfassung verabschiedet.

Der Weg zur Verfassung der Republik Europa!

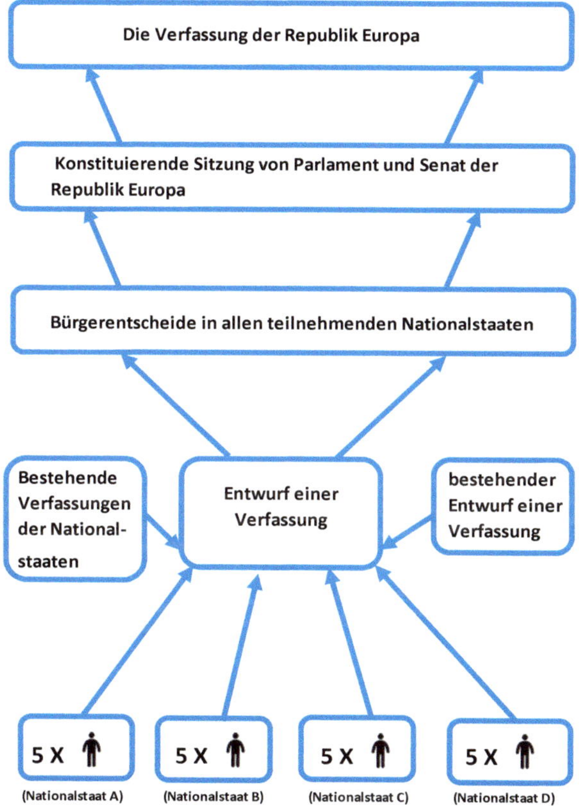

Nationalstaaten entsenden jeweils fünf ausgesuchte Personen.

9. Der europäische Gerichtshof (EUGH) ist der Hüter der Verfassung.

Der Europäische Gerichtshof ist die höchstrichterliche Instanz und auch Hüter der Verfassung. Die hierfür zuständigen Richter werden von den Regionen vorgeschlagen, durch das Parlament (mit einfacher Mehrheit) berufen und müssen durch den Senat bestätigt werden. Das Parlament wie auch der Senat können im Vorfeld die Kandidaten zur Befragung einladen. Die Dauer der Berufung beträgt acht Jahre und kann maximal einmal verlängert werden. Hieraus ergibt sich die Konsequenz, dass die Verfassungsgerichte in den Nationalstaaten in ihrer jetzigen Form nicht mehr benötigt werden. Für jede Region sollte jedoch ein Verfassungsgericht vorhanden sein, um die regional gebundenen Fälle abzudecken und bei Bedarf den EUGH einzubinden.

10. Für das Zusammenleben in der europäischen Republik werden die Nationalstaaten nicht mehr benötigt. Die Regionen, in denen die Menschen leben, sind für das Zusammenleben der Menschen, unter Beachtung des Gemeinwohles, verantwortlich.

Aus der Konsequenz der 4. These werden die Nationalstaaten in der Republik Europa nicht mehr benötigt. Sie behindern das Zusammenleben der einzelnen Regionen, durch Nationalismen und Sicherung von

alten Pfründen. Die Menschen sind in den Regionen verwurzelt und beheimatet. Diese Regionen sind daher maßgeblich für das Zusammenleben innerhalb dieser Region verantwortlich. Die Regionalverwaltungen werden personell und infrastrukturell effizient ausgestattet und dienen dem Gemeinwohl. Die Regionalparlamente werden im gleichen Turnus wie das Parlament des Republik Europa gewählt. Die Größe des Parlaments hängt von der Anzahl der Bürger in der Region ab. Die dafür notwendigen Kennzahlen werden von einer Kommission aus Vertretern aller Regionen auf dem Gebiet der Republik Europa festgesetzt. Grundlegend gilt hier, für alle Parlamente, eine möglichst geringe Anzahl von Abgeordneten zu haben, die dafür dann auch ihre parlamentarische Arbeit und nicht im Vordergrund ihre parteiliche Arbeit erledigen. Nicht die Partei ist das Wichtigste, sondern das Gemeinwohl in der Republik Europa!
In diesem Zusammenhang noch ein Wort zum Problem des Lobbyismus, der sich wie ein Geschwür entwickelt hat. Dies muss unbedingt auf ein Minimum reduziert werden. Wenn Meinungen und Einschätzungen der Wirtschaft zu einem bestimmten Thema benötigt werden, können sie explizit dazu aufgefordert werden. Aber eben nur zur Meinungsbildung und nicht gleich zur Vorlage eines ganzen Gesetzestextes.

11. Jede Region ist weitestgehend eigenständig und kann ihre regionalen Besonder-

heiten und Sprachen leben. Sie können regionale Gesetze erlassen und eigene Steuern erheben, sofern diese nicht gegen die Verfassung und Gesetze der Republik Europa verstoßen.**

Die Vielfalt unserer Regionen ist einzigartig und muss auch in ihrer Vielfältigkeit so erhalten bleiben. Die Sprachen, Sitten und Gebräuche sind dabei wichtige Elemente, die es zu schützen gilt. Sie machen die Identität der Bürger in den jeweiligen Regionen aus. Diese vielen verschiedenen tollen Regionen sind der große Unterschied zu anderen Staaten. Die regionalen Parlamente sind hierfür der Garant der Sicherheit, diese Vielfalt zu erhalten. Sie sind diesbezüglich in ihrer regionalen Gesetzgebung und auch Steuerpolitik frei, sofern diese nicht gegen geltende Gesetze und die Verfassung der Republik Europa verstoßen. Dass dies möglich ist, hat uns die Schweiz im Kleinen gezeigt.

12. Die Republik Europa ist somit ein föderales System. Als Leitmotiv gilt der Grundsatz: so viel wie möglich die Eigenständigkeit der Regionen zu fördern und so viel wie nötig von der Zentralregierung einzufordern. Dabei ist zu beachten, dass keine Kleinstaaterei entsteht.

Wie bereits in der These 11 besprochen, müssen die Besonderheiten der einzelnen Regionen geschützt werden. Die Eigenständigkeit der einzelnen Regionen wird weitestgehend gefördert, so dass alle Regionen die gleichen Chancen haben. Aber das Parlament muss zwischen der Überregulierung der Regionen und einer eventuell entstehenden Kleinstaaterei sorgsam entscheiden. Hier gilt es, gemeinsam die „Leitplanken" für das föderale System zu setzen, damit sich die Regionen entfalten können.

13. Zur Festsetzung der Regionen werden in allen teilnehmenden nationalen Staaten Kommissionen gegründet, die die Anzahl und Namen der Regionen benennen. Bei grenzüberschreitenden Regionen ist auf bilateralem Wege eine Einigung herzustellen. Die Festlegungen sind durch Volksabstimmungen zu bestätigen.

Für die Festsetzung der Regionen innerhalb der bisherigen Nationalstaaten besteht eine hohe Verantwortung. Die Regionen sollen zum einen die Heimat der Bürger sein, aber auch in ihrer Größe weder zu klein noch zu groß sein. Dies kann zu Widersprüchen führen. Daher wird die zu ernennende Kommission der These 10 hierzu einen Rahmenplan erstellen, an dem sich die Nationalstaaten orientieren können. In der Zusammenstellung der Regionen kann es auch zu Besonderheiten oder sogar zu größeren Problemen kommen. Wenn zwei Nationalstaaten davon betroffen sind, auf deren Staatsgebiet jeweils ein Teil der Region liegt.

Am Beispiel von Tirol und Südtirol kann man dies gut festmachen.

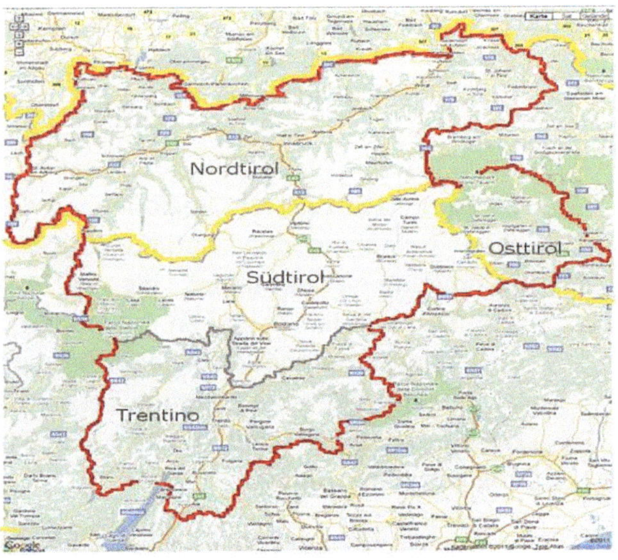

(Abbildung 2 – die Regionen Tirols in Österreich und Italien)

Es könnte der Wunsch der beiden Teilregionen sein, zu einer gesamten Region zu fusionieren. Hiervon wären dann Österreich und Italien betroffen, die dann in bilateralen Gesprächen, partnerschaftlich, gemeinsam darüber entscheiden.

Aber es ist auch für Regionen, die jetzt schon eine Unabhängigkeit von ihren Nationalstaaten anstreben, ein schnelles und gutes Verfahren die Unabhängigkeit zu erreichen, ohne erhebliche Streitereien zu entfachen und dennoch unter dem Dach der Republik Europa gesichert zu sein. Beispielhaft sind hier Katalonien, Korsika, Norditalien, Schottland, Bayern etc. zu nennen.

14. Um eine klare Regelung für die Kompetenzen der Regionen zu schaffen, wird eine Kommission ernannt, die aus Vertretern aller Regionen besteht. Dabei werden die gesellschaftlichen Belange der einzelnen Regionen mit berücksichtigt. Die Regionen entsenden dazu jeweils 3 Personen ihres Vertrauens.

Nachdem die Anzahl und Benennung der Regionen in den einzelnen Nationalstaaten erfolgt ist, treffen sich die Vertreter dieser Regionen zu einer großen Kommission. Jeweils drei Vertreter aus jeder Region werden entsandt. Sie sollen auch die gesellschaftlichen Belange berücksichtigen und müssen nicht nur aus Politikern bestehen. Die Mitglieder der Konferenz erstellen die Inhalte der Kompetenzen der Regionen und die Abgrenzung zur zentralen Regierung der Republik Europa. Dabei ist es wichtig, dass die Aufgabenverteilung sinnvoll und zum Gemeinwohl aller Bürger in den jeweiligen Regionen führt. Politisches Gerangel und eventuelle Egoismen der einzelnen Regionen führen zu keinem vernünftigen Ergebnis, sondern bergen bereits von Anfang an Gefahren und Streitigkeiten zwischen den Regionen. Auf Wunsch kann die Kommission auch den Rat von spezialisierten Universitäten mit einbeziehen.

15. Die Beziehung der Regionen untereinander ist solidarisch. Es erfolgt daher ein stetiger wirtschaftlicher und fiskalischer Austausch unter den Regionen. Alle Regionen sollen von der Republik Europa profitieren.

Eine Republik Europa, die das Gemeinwohl aller in ihr lebenden Bürger als oberstes Streben ansieht, muss auch dafür Sorge tragen, dass alle Regionen von der Republik Europa profitieren. Jede Region hat eine andere Ausgangsituation. Rein wirtschaftlich betrachtet, aber auch infrastrukturell, gibt es große Unterschiede. Um dies auszugleichen, kann es nur auf der Basis von Solidarität erfolgen. Dies kann bei Beginn der Republik Europa auch durch enge Partnerschaften erfolgen, in dem gut aufgestellte Regionen die weniger gut aufgestellten Regionen unterstützen. Dies führt auch dazu, dass sich die Menschen der Regionen besser kennen lernen. In einem späteren Stadium, wenn sich in allen Regionen die Situation verbessert hat, kann ein Finanzausgleich auf Dauer den Erfolg der Republik Europa sichern. Auch wenn so namhafte Volkswirte wie z. B. Hans-Werner Sinn fordern, dass keine Schuldenübernahme besser ist, bin ich der Meinung, dass wir ein Volk sind und dies eher wie den bisherigen Lastenausgleich zwischen den Bundesländern in Deutschland betrachten sollten.

Allerdings muss es starke Anreize geben, dass die einzelnen Regionen, die durch eigenes Handeln in die Insolvenz geraten, selbst ihre wirtschaftliche und somit steuerliche Situation verbessern müssen.
Ein gewisser Konkurrenzkampf ist bestimmt nicht schlecht. Er kann jedoch nicht darin ausarten, dass einzelne Regionen verbittert gegeneinander arbeiten. Oder einzelne Regionen sich für etwas ganz besonderes halten und auf die anderen Regionen von oben herab blicken.

Was aber bestimmt sinnvoll sein kann, ist, bestimmte Kompetenzen in einzelnen Regionen zu bündeln, insbesondere auf dem Gebiet der IT. Ein Silicon Valley in der Republik Europa könnte mir sehr gut gefallen!

16. Für die Umsetzung und Steuerung aller Maßnahmen zur Gründung der Republik Europa, wird eine eigene Koordinierungsgruppe gegründet. Sie fasst alle Ergebnisse der Kommissionen zusammen, veröffentlicht sie und steht den eingesetzten Kommissionen beratend zur Seite. Sie untersteht der Kontrolle durch das jetzige europäische Parlament.

Mir ist bewusst, dass der Weg zur Republik kein leichter und kurzer Weg ist. Nein er ist komplex und überaus zeitaufwändig. In dieser Zeit (Übergangszeit) ist es unbedingt erforderlich, alle getroffenen Maßnahmen zu koordinieren, archivieren und durch eine zentrale Stelle zu leiten. Diese Koordinierungsgruppe besteht aus je zwei Bürgern aus allen Regionen der zukünftigen Republik Europa. Sie untersteht dem jetzigen europäischen Parlament. Die Koordinierungsgruppe wählt aus ihrer Mitte die/den Vorsitzende/n für einen Zeitraum von maximal vier Jahren. Eine Wiederwahl ist nicht möglich. Dies ist eine reine Vorsichtsmaßnahme, um der Gefahr zu begegnen, dass eine Person zu viel Gewicht und Eigensinn in die Übergangszeit einbringt.

Diese Koordinierungsgruppe soll kein Eigenleben, keine Eigendynamik bekommen. Sie ist wirklich nur für das Zusammenfassen und Präsentieren aller bisherigen Ergebnisse zuständig. Natürlich kann sie, wenn sie Fehler oder Ungereimtheiten in der Logik feststellt, sich mit den entsprechenden Kommissionen in Verbindung setzen. Aber die Kommissionen sind für ihre Handlungen allein verantwortlich.

17. Damit alle Bürger auf dem zukünftigen Gebiet der Republik Europa umfassend und transparent informiert werden, sind alle Ergebnisse (auch Zwischenergebnisse) in ei-

nem Online-Portal einzupflegen. Hierfür ist die Koordinierungsgruppe verantwortlich.

Von Anfang an muss es Ziel sein, dass <u>alle</u> Bürger und nicht nur die Bürger der zukünftigen Republik Europa sich umfassend über den Sachstand innerhalb der Übergangszeit zu informieren können. Nichts ist geheim, sondern alles ist transparent! Die Koordinierungsgruppe erstellt und pflegt hierzu ein Online-Portal. Dort sind von allen Kommissionen die jeweiligen Sachstände in den Verhandlungen laufend zu dokumentieren. Hierdurch erfolgt eine Kontrolle ob die vereinbarten Schritte auch eingehalten werden. So kann der Bürger sich jederzeit umfassend informieren und bei anstehenden Volksentscheidungen seine Meinung festigen. In allen Rathäusern werden öffentliche PC-Arbeitsplätze eingerichtet, an denen sich die Bürger informieren können, die keinen eigenen PC und oder Zugang zum Internet haben. Damit dort kein Missbrauch entstehen kann, sind die PCs so zu sichern, dass nur das Online - Portal erreicht werden kann.

18. Alle auf dem Gebiet der Republik Europa lebenden Menschen sind gleich, egal welcher Herkunft, Geschlecht, religiöser Ausübung oder sexuellen Lebensauffassung sie sind.

Eigentlich sollte diese These keine These sein, sondern eine Selbstverständlichkeit. Aber in der heutigen Zeit nehmen tatsächlich Diskriminierungen von Minderheiten zu. In der Republik Europa soll jeder Mensch frei und selbstbestimmt leben. Die Freiheit jedes Einzelnen endet jedoch an der Freiheit des Anderen. Die Freiheit wird nur durch die Verfassung und deren Gesetze eingeschränkt. Kein Mensch hat das Recht, einen anderen Menschen in seiner Freiheit zu beschränken.

19. Alle Bürger in der Republik Europa haben die gleichen Rechte im Sinne der UN-Charta, aber auch die gleichen Pflichten. Diese basieren auf der Grundlage der 19 Artikel der Menschenpflichten, die am 01.09.1997 der UN vorgelegt wurden.

Die Rechte der Bürger in der Republik Europa gründen sich auf die Verfassung und auf die UN-Charta. Sie können jederzeit vor den jeweiligen Gerichten eingeklagt werden. Aber im Gegenzug dazu haben die Bürger in der Republik Europa auch Pflichten. Diese basieren auf den 19 Artikeln der Menschenpflichten, die am 01. September 1997 von der InterAction Council, dem damaligen Generalsekretär der Vereinten Nationen überreicht haben. Dies soll verdeutlichen, dass jeder Bürger in der Republik Europa auch Pflichten für das Zusammenleben innerhalb der Republik hat. Jeder hat einen Anteil am Gelingen dieser Gesellschaft.

20. Die sprachliche Vielfalt in Europa ist ein Geschenk und wird auch in der Zukunft bewahrt und gefördert. Für das Zusammenleben in Europa ist jedoch eine gemeinsame Sprache notwendig, um mit einer Stimme alles zu besprechen.

Auf dem Kontinent Europa und auch in der Republik Europa, was nicht unbedingt identisch ist, gibt es eine Vielzahl von Sprachen und Dialekten. Diese wunderbare Vielfalt muss unbedingt erhalten bleiben, denn sie gehört zur Identität der Menschen in den jeweiligen Regionen. Um jedoch eine einheitliche Verständigung in der gesamten Republik Europa zu gewährleisten, ist es unabdingbar, eine gemeinsame Sprache als Staatssprache zu besitzen. Nur sie stellt sicher, dass in allen Regionen über das Gleiche gesprochen und geschrieben wird und fördert auch das Zusammenleben der Menschen in der Republik Europa. Nur wer sich versteht, kann miteinander reden.

21. Englisch wird als Staatssprache ernannt. In allen Regionen werden die Lehrpläne der Schulen entsprechend angepasst. Wie viele Sprachen insgesamt in Bildungseinrichtungen angeboten werden, liegt in der Verant-

wortung der Regionen. Auch die frühkindliche Erziehung erfolgt zweisprachig.

Englisch wird als Staatssprache ernannt. Bereits jetzt beherrschen viele diese Sprache. Sie ist in allen Regionen vertreten. Die meisten Schulen haben jetzt schon Englisch als Schulfach. An vielen Universitäten werden die Vorlesungen bereits in Englisch gehalten. Aber um das Ziel der Staatssprache Englisch zu erreichen, müssen die Lehrpläne für alle Bildungseinrichtungen angepasst werden. Selbst in der frühkindlichen Erziehung (Kindergarten) sollte bereits mit der Zweisprachigkeit begonnen werden. Bis zur Republik Europa sind dann alle ausreichend mit der Sprache Englisch vertraut. Auch das Angebot der außerschulischen Weiterbildung (in Deutschland z. B. VHS) sollte in dieser Hinsicht erweitert werden. Je früher damit begonnen wird, desto höher ist die Erfolgsaussicht. Welche Sprachen, neben der Staatssprache Englisch, in den Regionen angeboten und gelehrt werden, obliegt der Verantwortung der Regionen. Sie haben das entsprechende Mitspracherecht bei der Erstellung der Lehrpläne. Je größer die Vielfalt desto größer auch die Vielfältigkeit des Zusammenlebens.

22. In der Republik besteht eine dreiteilige Gewaltentrennung in Legislative, Judikative und Exekutive.

An den derzeitigen Situationen in der Türkei und Russland, kann eindrucksvoll gesehen werden, wie wichtig die Gewaltenteilung ist. Die Machthaber in diesen beiden Staaten haben die Gewaltenteilung Schritt für Schritt ausgehöhlt oder sogar ganz abgeschafft, indem sie willfährige und korrupte Anhänger in wichtige und zentrale Positionen gebracht haben. Alle tanzen nun nach ihrer Pfeife. In Amerika wurde jedoch in diesen Tagen ein Paradebeispiel der funktionierenden Gewaltenteilung demonstriert. Dort wurde ein Erlass des Präsidenten Trump von zwei Gerichten wegen Verfassungsbruchs aufgehoben. Auch wenn das Geheule des Präsidenten groß war und die inakzeptablen Beleidigungen und Drohungen eines demokratischen Präsidenten nicht würdig waren, er musste sich aber den Entscheidungen beugen. Es ist für eine funktionierende Demokratie unerlässlich, eine strikte Gewaltentrennung einzuhalten.

23. Die Legislative besteht aus dem Parlament und dem Senat. Sie werden direkt durch das Volk gewählt.

In der bisherigen Europäischen Union war es mit der Demokratie und somit der direkten Einflussnahme durch Wahlen, um es höflich zu formulieren, nicht sehr ausgeprägt. Lediglich das Europaparlament wurde durch die Bürger in den Nationalstaaten gewählt. Das Parlament hat jedoch so gut wie keine Entscheidungskraft. Diese liegt bei der Kommission, die wiederum nur ernannt wird, genauso wie ihr Vorsitzender.

In der Republik Europa ist der Bürger der Souverän und demnach ist er an allen Legislativen der Republik per Wahl zu beteiligen. Hierbei wird das Parlament, wie bisher, direkt durch die Bürger der zukünftigen Republik Europa gewählt. Es gilt die 3%- Hürde, um auch kleineren Parteien zu ermöglichen, an der Gestaltung der Republik mitzuwirken. Die Wahlperiode beträgt fünf Jahre.

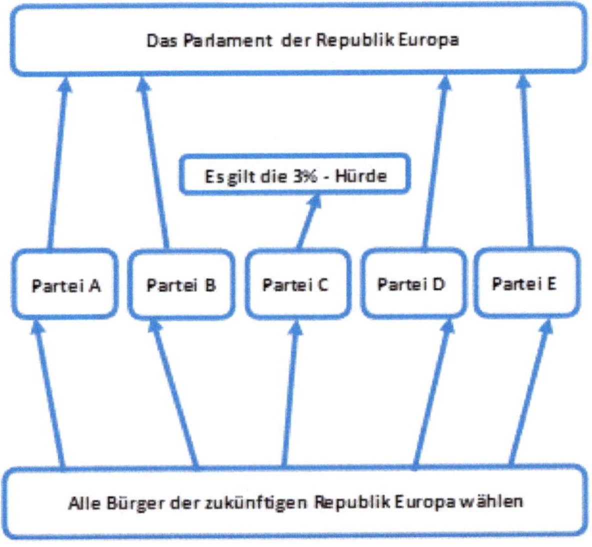

24. Der Senat wird über die regionalen Wahlen gewählt. Jede Region entsendet 1 Senator/in. Hierdurch ist die Gleichheit aller Re-

gionen gewahrt, unabhängig ihrer Größe. Beide Wahlen finden alle fünf Jahre am gleichen Termin statt.

Der Senat ist für die meisten bisherigen Nationalstaaten unbekannt. In Deutschland gibt es etwas Ähnliches: den Bundesrat. In der Republik Europa wird der Senat benötigt um die Interessen der einzelnen Regionen zu wahren und der Zentralregierung in wichtigen Entscheidungen beizustehen, aber diese auch zu kontrollieren. Damit ist eine höchstmögliche demokratische Entscheidung gewährleistet. In jeder Region werden die Senatoren durch die Bürger gewählt. Jede Region hat somit eine Stimme, unabhängig ihrer Größe oder Wirtschaftskraft. Die Wahl findet, wie auch die des Parlaments, alle fünf Jahre zum gleichen Termin statt.

25. Die Zentralregierung der europäischen Republik wird durch das Parlament gewählt.

Die zentrale Regierung der Republik Europa wird durch das Parlament gewählt. Die nach den Wahlen stärkste Fraktion im Parlament erhält den Auftrag, eine Regierung zu bilden. Bei Koalitionen mit einer oder mehreren Fraktionen werden die Verhandlungen und Verträge durch diese geführt. Der oder die Kanzler/in der Republik Europa wird dann durch das Parlament gewählt. Die Minister werden ernannt.

26. Die Republik Europa hat als Staatsoberhaupt eine/n Präsidentin/en. Diese/r wird durch die Bürger der Republik Europa direkt gewählt. Die Wahlperiode dauert fünf Jahre.

In den Nationalstaaten der Europäischen Union werden die Staatspräsidenten auf unterschiedlichste Arten gewählt. Für eine gute Demokratie ist es jedoch wichtig, dass alle wichtigen Persönlichkeiten, wie zum Beispiel der Staatspräsident, direkt durch die Bürger gewählt werden. Für den Staatspräsidenten gibt es eine achtjährige Wahlperiode. Die Wahl findet nicht mit den Parlaments- und Senatswahlen statt, um zu gewährleisten, dass die Republik Europa während eventuell vakanten Zeiten, wenigstens einen Staatspräsidenten hat. Zudem ist das Amt zu wichtig, um im Wahlkampf der Parteien nicht genügend gewürdigt zu werden.

Kapitel 3

27. Es erfolgt eine Trennung zwischen Staat und den Kirchen. Das Konkordat ist grundsätzlich aufgehoben. Die Regionen können aber mit den Kirchen/ Religionsgemeinschaften eigene Vereinbarungen treffen.

Diese sind jedoch mit einer Volksabstimmung zu bestätigen.

Die Verflechtungen von Staat und Kirchen, sind in den einzelnen Nationalstaaten unterschiedlich stark ausgeprägt. Für das Zusammenleben aller Bürger und aller Religionen ist es wichtig, eine strikte Trennung von Staat und Kirchen herbeizuführen. Daher ist es erforderlich, in der Republik Europa bestehende Konkordate zwischen einzelnen Nationalstaaten und Kirchen aufzuheben. Zuschüsse, ob direkt oder indirekt, an die Kirchen werden ausgeschlossen. Die Kirchen besitzen genügend eigenes Kapital und Vermögen, um ihren Verpflichtungen nachzukommen. Den einzelnen Regionen bleibt jedoch freigestellt mit den Kirchen (gleich welcher Religion) eigenständige Verträge zu schließen. Hierdurch wird die regionale Identität gewahrt und eventuelle Jahrhundert alte Traditionen gesichert. Um dies aber auch durch die in den Regionen lebenden Bürger zu sichern, sind die Verträge mit einer Volksabstimmung zu bestätigen.

28. Die europäische Republik schützt ihre Bewohner. Sie ist für die äußere und innere Sicherheit zuständig. Hierzu wird es eine einheitliche Armee und Polizei geben. Beide werden aus allen Bürgern der verschiedenen Regionen zusammengestellt.

Als gesamtgesellschaftliche Aufgabe schützt die Republik Europa ihre Bewohner gegen Gewalt von Innen und Außen. Sie hat das Gewaltmonopol. Um gegen die vielfältigen Arten von Gewalt und Kriminalität gewappnet zu sein, werden eine Armee und eine Polizei gebildet. Sie besteht ausschließlich aus Staatsbürgern der Republik Europa. Es ist dabei darauf zu achten, dass alle Regionen vertreten sind.

29. Für den inneren Schutz wird eine zweigeteilte Polizei zusammengestellt. Für die regionale Polizei sind die Regionen zuständig und für Europol die Europäische Regierung. Ausrüstung, Ausstattung, Sprache und Datensysteme sind in beiden „gleich" und vernetzt.

In den vergangenen Jahren konnte deutlich gesehen werden, wie schlecht die einzelnen Nationalstaaten ihren inneren Schutz vor Kriminalität und Terror organisieren. Jeder kocht sein eigenes Süppchen. Informationen werden anderen vorenthalten und manchmal habe ich das Gefühl, es wird sich über die Fehler bei anderen köstlich amüsiert. Insbesondere hier in Deutschland sind katastrophale Zustände. Die jeweiligen Polizeiebenen sind nicht ausreichend untereinander vernetzt. LKA´s und BKA arbeiten zum Teil parallel an Fällen, ohne dass sie voneinander wissen. Dazu kommen noch die verschiedenen Verfassungsschutz - Organisationen, die ganz im Geheimen arbeiten.

Personal ist an allen Stellen zu knapp bemessen und die technischen Ausrüstungen hinken der Verbrecherszene hinterher. Dazu kommt noch der Datenschutz, der in einigen Fällen die Arbeit der Polizei massiv behindert. Eine Bündelung und Modernisierung der Polizei in der Republik Europa ist daher unerlässlich.

Hierzu gibt es nur noch zwei Ebenen. Die erste Ebene ist die Polizei vor Ort in den jeweiligen Regionen. Die Regionen sind dafür zuständig, da sie am besten auf die Situation vor Ort eingehen können und auch die Scene kennen. Die zweite Ebene ist die Ebene der „Bundespolizei" sprich EUROPOL. Hier werden alle Fälle bearbeitet, die von enormer Wichtigkeit zum Schutz der Republik Europa sind, insbesondere die Regionen übergreifende Bandenkriminalität.

Wichtig ist jedoch, dass neben der ausreichenden personellen Ausstattung auch die moderne Ausrüstung und Sprache in allen Dienststellen gleich ist. Insbesondere das Datensystem muss von allen Dienststellen genutzt werden können. Eine zentrale Datei mit allen Informationen zu allen Verfahren ist wichtig, um angemessen auf Straftaten reagieren zu können. Die Staatsanwaltschaften und Gerichte sind entsprechend dieser neuen Situation anzupassen.

30. Für den Schutz der äußeren Grenzen wird eine polizeiliche Grenzschutzeinheit gebildet. Sie besteht ausschließlich aus Bürgern der europäischen Republik. Sie hat eine einheitliche Ausrüstung und ein einheitliches Datensystem und ist mit den anderen polizeilichen Einheiten vernetzt.

Die äußeren Grenzen der Republik müssen gegen unberechtigte Einwanderung und kriminelle Machenschaften geschützt werden. Hierzu wird eine polizeiliche Grenzschutzeinheit gebildet, die ausschließlich aus Staatsbürgern der Republik Europa besteht. Ihre ausreichende personelle Ausstattung und moderne Ausrüstung ist mit der der Polizei im Inneren identisch. Auch die Sprache und das Datensystem sind gleich. So kann von Anfang an gewährleistet werden, dass alle betroffenen Dienststellen voneinander wissen und ihre Aktionen untereinander abstimmen.

31. Gegen den Schutz vor Angriffen von außen und zur Vertretung der militärischen Interessen im Ausland wird eine Armee mit gleicher Ausbildung und Ausstattung bei gleicher Sprache gegründet. Sie ist eine Freiwilligenarmee und besteht aus Bürgern der europäischen Republik. Zur Bewaffnung werden vorrangig eigene Waffensysteme er-

stellt und genutzt. Es wird eine absolute Unabhängigkeit angestrebt.

Nach einer Zeit der Entspannung zwischen den großen Mächten in Ost und West ist es leider wieder soweit, dass das Militär in den Fokus gerät. Ein Hauch von kaltem Krieg weht wieder durch Europa und die Nationalisten sind wieder auf dem Vormarsch. Es ist daher wichtig, dass sich die Republik Europa verteidigen kann und ein verlässlicher Partner in der NATO ist. Auch wächst die Verantwortung in Konflikte außerhalb der Republik Europas einzugreifen, um dort einen Beitrag für Frieden und Freiheit zu leisten.

Hierfür wird eine Freiwilligenarmee gegründet. Sie besteht aus Bürgern der Republik Europa. Neben der gleichen Sprache und dem gleichen Ausbildungsstandard ist eine einheitliche Ausrüstung unbedingt erforderlich. Dazu werden vorzugsweise Waffensysteme, die in der Republik Europa hergestellt werden, auch genutzt. Die Unabhängigkeit, von anderen waffenliefernden Staaten, ist dabei anzustreben. Der bestehende Wirrwarr an Unterschieden der einzelnen bisherigen Nationalstaaten ist anzupassen. Natürlich bestehen dann in den Regionen wirtschaftliche Interessen, welches Waffensystem genutzt wird. Hier muss die Präambel gelten, dass Beste ist gerade gut genug. Denn es hängt das Leben der Soldaten davon ab.
Dies ist bestimmt kein einfacher Prozess, würde aber am Ende eine moderne, flexible und hoch technisier-

te Armee ergeben. Die Synergieeffekte bei den Kosten sind zudem haushaltsschonend.

Kapitel 4

32. Es besteht ein Asylrecht auf der Grundlage der UNO-Menschrechtscharta.

Die Republik Europa gibt sich ein Asylrecht auf der Grundlage der UNO-Menschenrechtscharta. Allen Asylsuchenden wird ein rechtsstaatliches Verfahren zugesichert.

33. An den Grenzen werden Einwanderungszentren gegründet. Hier werden die Menschen registriert, versorgt und über das Asylverfahren abschließend entschieden. In den Zentren werden alle erforderlichen Infrastrukturen errichtet, wie z.B. Schulen und Krankenstationen. Näheres wird in Zusammenarbeit mit der UNHCR beschlossen.

Die Entwicklung bei den Flüchtlingsströmen hat durch viele militärische und politische Konflikte enorm zugenommen. Bestes Beispiel ist die Flüchtlingskrise 2015. Auf der einen Seite wurde viel humanitäre Hilfe geleistet, auf der anderen Seite aber auf Grund von totaler Überforderung sind elementare Fehler beim Zuzug gemacht worden. Die Menschen sind zum Teil ohne Kontrollen eingereist und niemand hatte mehr den Überblick über den Zustrom. Bei aller notwendigen Hilfsbereitschaft darf sich dies nicht wiederholen, sondern muss in geregelten Bahnen verlaufen.

Dazu werden an den Grenzen Einwanderungszentren gegründet. Die Menschen verbleiben bis zum Abschluss des Asylverfahrens in diesen Zentren. Diese Zentren werden an strategisch guten Stellen im Mittelmeerraum und an den östlichen Grenzen errichtet, da hier mit dem meisten Zustrom zu rechnen ist. In den Regionen in denen solch ein Zentrum errichtet wird, müssen die dort lebenden Menschen davon profitieren. Es werden Arbeitsplätze und zusätzliche Infrastruktur geschaffen. Die in den Einwanderungszentren eintreffenden Menschen werden registriert und versorgt. Die Versorgung umfasst nicht nur den Bereich Essen und Kleidung, sondern neben dem medizinischen Bereich auch die sonstige Infrastruktur wie Schulen, Ausbildung und Sport. Die Menschen sind bei allen anfallenden Arbeiten zu beteiligen. Dies beugt auch der eventuellen Langeweile vor. Sollte das Asylverfahren abschließend negativ sein, werden die Menschen unverzüglich zurückgeführt. Wie dies im Einzelnen am besten geregelt werden kann, sollte auf die vielfältige Erfahrung der UNHCR zurückgegriffen werden. Dort besteht eine jahrzehntelange Erfahrung mit Flüchtlingen und allen damit zusammenhängenden Problemen.

34. Nach positivem Abschluss des Asylverfahrens werden die Regionen entsprechend mit ihren Möglichkeiten an der Verteilung der Menschen beteiligt. Auch hier gilt die Solidarität zwischen den Regionen. Auf Familienzusammenführung wird geachtet.

Wie bereits in der vorherigen These beschrieben, bleiben die Menschen bis zum Abschluss ihres Asylverfahrens in den Einwanderungszentren. Da die Zeit in den Einwanderungszentren für die Sprachbildung genutzt wird, ist die Aufteilung der Menschen nach positivem Abschluss ihres Asylantrages auf die Regionen weniger problematisch. Die Aufteilung erfolgt zuerst auf freiwilliger Basis der Regionen und dann in einem Verteilungsverfahren entsprechend der Anzahl der Bevölkerung und der wirtschaftlichen Möglichkeiten. Dazu könnte ein gemeinsamer Index gebildet werden, der das Verfahren wesentlich vereinfacht. Bei der Verteilung der Menschen wird auf eine Familienzusammenführung geachtet. Die Menschen müssen dann eine bestimmte Anzahl von Jahren in dieser Region leben und arbeiten, bevor sie sich frei in der ganzen Republik Europa niederlassen können. Dies kann mit Hilfe des aufenthaltsrechtlichen Status geregelt und überprüft werden.

35. Die Republik Europa ist ein Einwanderungsland. Daher werden feste Einwanderungsquoten pro Jahr, nach festgelegten Regeln, erlassen. Die Voraussetzungen für die Einwanderung werden klar definiert und entsprechende Regelungen festlegt. Damit Asylsuchende, Flüchtlinge und Einwanderer klare Vorgaben und Möglichkeiten haben.

Die Republik Europa wird ein Einwanderungsland sein. Ihre Rahmenbedingungen werden immer mehr Mensch anziehen, hier ihr Glück zu versuchen. Die Einwanderung muss dennoch verbindlich für alle Beteiligten geregelt werden. Grundsätzlich werden jährliche Einwanderungsquoten festgesetzt, die sich nach einem Punktesystem orientieren. Hierbei spielen die schulischen und beruflichen Ausbildungen der Einwanderer eine erhebliche Rolle. Dazu können noch spezielle Anforderungsprofile der Wirtschaft kommen, die für ganz bestimmte Berufsbilder dringend Fachkräfte benötigen. Dabei ist jedoch zu beachten, dass die vermeintlich günstigeren Einwanderer (geringere Personalkosten) nicht gegen die hier lebenden Bürger ausgespielt werden. Dies würde nicht dem Gemeinwohl entsprechen!

**36. Damit kein weiterer unkontrollierter Zu-
strom von Flüchtlingen entsteht, sind Hilfen
in den Staaten, aus denen die Flüchtlinge
kommen, unerlässlich. Die Entwicklungshilfe
für diese Länder ist dahingehend anzupassen. In Konfliktgebieten werden die Nachbarstaaten unterstützt, wenn sie Flüchtlinge
aufnehmen.**

Hilfen für Asyl suchende Menschen und Flüchtlinge
sind unbedingt erforderlich. Eine humanitäre demokratische Gesellschaft, wie die der Republik Europa
kann sich dessen nicht entziehen oder verweigern.
Aber die Republik Europa ist definitiv nicht in der
Lage alle flüchtenden Menschen, mit welchen Gründen auch immer, hier aufzunehmen. Dies ist eine
Tatsache, die auch angesprochen werden muss.
Daher ist es unbedingt erforderlich, die bisherigen
Hilfen in der sogenannten dritten Welt neu zu ord-
nen. Wir müssen die wirtschaftlichen Voraussetzungen vor Ort verbessern, damit es den Menschen auch
dort besser geht und eine Auswanderung nicht mehr
erforderlich ist. Entwicklungshilfe ist keine Spenden-
gala, sondern echte Hilfe zur Selbsthilfe und das auf
Augenhöhe.
Des Weiteren müssen Nachbarstaaten von Konflikt-
zonen, die Flüchtlinge aufnehmen, besser unterstützt
werden. Ein nicht unerheblicher Teil der Flüchtlinge
von 2015 waren Menschen, die im Libanon bereits in
Flüchtlingslager gelebt, besser vegetiert haben. Das
Flüchtlingshilfswerk der Vereinten Nationen hat im-

mer wieder die Staaten aufgefordert, den Libanon zu unterstützen, da sie nicht mehr finanziell in der Lage waren, alle Flüchtlinge angemessen zu versorgen. Diese Aufforderung wurde vollkommen ignoriert, und so machten sich die Menschen halt auf den Weg, um dem Elend zu entkommen.

Kapitel 5

37. Die Republik Europa ist für das Gemeinwohl verantwortlich und stellt alle dafür benötigten Ressourcen zur Verfügung, um das Gemeinwohl zu stärken und zu verfestigen.

Eine der wohl grundlegendsten Neuerung in der Politik, und hier unterscheidet sich die Republik Europa immens von der Europäischen Union, ist die unbedingte Förderung des Gemeinwohles. Dies ist die Hauptaufgabe der Regierung der Republik Europa. Unter dieser Prämisse sind alle Handlungen, Gesetze und politisches Bemühungen zu vollziehen. Frei nach dem „Kategorischen Imperativ" von Emanuel Kant ist stets das eigene Handeln mit dem Gemeinwohl abzugleichen. Dies schafft auf Dauer Wohlstand in allen Regionen der Republik Europa. Die hier lebenden Menschen spüren den Erfolg ihres Bemühens, und die Akzeptanz der Republik wird gefestigt.

38. Zum Gemeinwohl zählt alle Infrastruktur wie Wasser, Strom, Straßen, Schienen, Wasserstraßen, Flughäfen, Ausbildungsstätten und Wohnungen für Alle. Sie sind Aufgabe des Staates und können (mit Ausnahme bei den betrieblichen Ausbildungen) nicht in private Hände weitergegeben werden.

In den letzten Jahrzehnten hatte es mehrere Privatisierungswellen gegeben. Die drei großen Bereiche Strom, Schiene und Post/Telefon wurden privatisiert, auf dem Hintergrund, dass dann ein wirtschaftlicherer Betrieb möglich ist.

Im Nachhinein betrachtet war dies alles andere als ein Erfolg. Es stand nicht mehr die Versorgung der Menschen im Vordergrund sondern die Gewinnmaximierung der jeweiligen Unternehmen. Dies gipfelte dann bei den Aktien-Unternehmen darin, dass die Preise in unverhältnismäßigem Maße stiegen um den Aktionären eine gute Dividende zu zahlen. Darüber hinaus wuchsen die Unternehmen immer mehr, weil sie sich von ihren Kernaufgaben entfernten und andere Unternehmen mit anderen Aufgaben dazu kauften, um ihre Gewinne immer weiter zu steigern.

Auch wurden die notwendigen Investitionen vernachlässigt (Stromtrassen, Schienen, Bahnhöfe....) und man hoffte, dass dann der Staat stützend eingreift. Zudem wurden Innovationen für die Zukunft verschlafen, oder aus Überheblichkeit und Arroganz der Macht (man glaubte man sei mächtig) für nicht notwendig gehalten. Das Ergebnis ist eine lange Liste von

Versäumnissen, in denen sich der inaktive Staat auch noch einreiht. Auch der hat vergessen, dass er für seine verbliebene Infrastruktur (Straßen, Schulen usw.) zuständig ist. Deutschland ist dadurch alles andere als ein modernes und innovatives Land geworden.

Der Staat hat die unbedingte Verpflichtung, die Initiative zu ergreifen und wieder federführend für die Daseinsfürsorge verantwortlich zu sein. Dies bedeutet, er muss soweit wie möglich Privatisierungen (wo es nicht möglich ist aber regulierend einzugreifen) in diesen Bereichen zurücknehmen und erhebliche Investitionen tätigen, um auf einen wirtschaftlich modernen Standard zu kommen. Investitionen in die Infrastruktur ist eine Investition in die kommenden Generationen, um ihren Wettbewerb auf dem Weltmarkt zu sichern, zumal die Republik Europa keinen nennenswerten Rohstoffvorkommen hat und somit ihre top Infrastruktur und ihre sehr gut ausgebildeten Menschen das wirtschaftliche Potential sind. Dies kann natürlich nicht alles sofort geschehen, aber es muss immer oberste Priorität haben!

39. Staatliche Betriebe übernehmen die gesamte Infrastruktur und investieren in die Modernisierung. Es darf nur kostendeckend, aber unter strikter Einhaltung der Effizienz gewirtschaftet werden. Gewinnmaximierung ist nicht das Ziel – sondern Stärkung des Allgemeinwohles und der Binnenwirtschaft.

Dies ist sicherlich eins der schwierigsten Themen für die Republik Europa, denn schnell wird der Ruf erschallen, das ist doch Planwirtschaft. Aber das ist es eben nicht! Die Republik Europa ist für das Gemeinwohl zuständig und auch verantwortlich. Daher müssen alle Gemeingüter durch stattliche Unternehmen gesichert werden. Diese können dann ausschließlich gewinndeckend arbeiten. Das bedeutet wiederum nicht, dass staatliche Betriebe dies gar nicht können. Denn wenn ausreichend gut geschultes Personal vorhanden ist, sind staatliche Betriebe sehr wohl dazu in der Lage. Neben den normalen guten Vergütungen können auch zusätzliche Anreize (z. B. Prämien) in die Vergütung integriert werden, die sich am Erfolg messen. Voraussetzung ist, dass Leistung und Können des Personals Grundlage für den Erfolg ist und nicht wie bisher in vielen Fällen die „Beziehungen zum System", die man hat. Der Öffentliche Dienst ist viel besser als sein Ruf, aber er muss grundlegend für die Aufgaben modernisiert und angepasst werden.

In diesem Zusammenhang möchte ich doch mal eine Lanze für die Bediensteten des öffentlichen Dienstes brechen. Die landläufige Meinung, dass die nicht arbeiten, sondern nur Blümchen gießen und Kaffee trinken – was übrigens in allen anderen Firmen auch gemacht wird – stimmt mit der Wirklichkeit nicht mehr überein. In vielen Behörden gibt es engagierte, freundliche und kompetente Mitarbeiter/innen, die mehr als nur ihren Job machen. Auch die Behörden hat die Effizienzsteigerung und betriebswirtschaftliches Denken erreicht. Und manche Behörde, wie zum Beispiel die Bundesagentur für Arbeit, ist in der Lage sich mit großen Konzernen in ihrer Managementstrukturen und der Umsetzung ihrer Kernaufgaben zu messen. Natürlich gibt es im öffentlichen Dienst eine Menge an Potential, Effizienz, Kompetenz und Kundenfreundlichkeit zu steigern. Aber dies betrifft nicht nur den öffentlichen Dienst, sondern auch eine Vielzahl von Unternehmen – ob klein oder groß.

Auch wenn alle Voraussetzungen geschaffen wurden, wird für die Sanierung der gesamten Infrastruktur in allen Regionen nicht nur sehr viel Geld, sondern auch sehr viel Zeit benötigt. Daher ist es wichtig so schnell wie möglich, bereits im Vorfeld der Republik Europa, damit zu beginnen.

40. Die Handlungen aller staatlichen Verwaltungen und Betriebe richten sich nach dem Gemeinwohl aus. Sie sind öffentlich, transparent und nachvollziehbar begründet.

Wie bereits mehrfach schon angesprochen, sind die Verwaltungen und staatlichen Betrieben dem Gemeinwohl verpflichtet. Alle Planungen sind öffentlich und jeder, der ein berechtigtes Interesse hat, kann hierzu Informationen verlangen. Alle Verfahren und Entscheidungen sind transparent und nachvollziehbar zu begründen. Die Bürger sind in einem Höchstmaß bei Planungen zu beteiligen. Nur gut informierte Bürger tragen geplante Maßnahmen mit.

41. Der öffentliche Nahverkehr ist Sache des Staates und ist dem Individualverkehr vorzuziehen. Private Unternehmen können jedoch im Auftrag des Staates an der Umsetzung beteiligt, bzw. beauftragt werden. Sie unterliegen jedoch der strengen Kontrolle durch die beauftragende Verwaltung.

Nach wie vor wird in den meisten Ländern der Europäischen Union der Individualverkehr dem öffentlichen Verkehr vorgezogen. Dies geht soweit, dass die Schiene nicht nur vernachlässigt sondern sogar zurückgebaut wird. Güterverkehr wird größtenteils über die Straße abgewickelt. Die Schiene spielt immer weniger eine Rolle beim Transport von Gütern. Dies ist aber der falsche Weg. Die Schiene kann viel mehr transportieren und ist wesentlich umweltverträglicher. Aber, das muss ich zugeben, dass Schienennetz und das Wagenmaterial ist in einem miserablen Zustand und nicht nur in Deutschland. In vielen Ländern der EU sind die staatlichen Unternehmen privatisiert worden. Mit der Privatisierung ist die Modernisierung des Transportwesens mehr oder weniger beendet worden, denn die dafür notwendigen Investitionen verringern den Gewinn der Unternehmen und damit verbunden auch die Boni der Geschäftsführer. Klar dass diese Herrschaften sich nicht den eigenen Ast absägen auf dem sie sitzen.

Auch hier wird es neben dem vielen Geld auch die viele benötigte Zeit sein, die die Umsetzung schwieriger gestaltet. Daher können auch private Unternehmen in Teilbereichen des Öffentlichen Nahverkehrs eingesetzt werden. Aber sie unterliegen dabei der strengen Kontrolle der sie beauftragenden Verwaltungen. Mit der Stärkung eines attraktiven Öffentlichen Nahverkehrs und bei gleichzeitiger Elektrifizierung des Individualverkehrs können die Klimaziele wesentlich besser erreicht werden.

42. Die Klimaschutzvereinbarungen sind ein wichtiges Ziel und werden auch eingehalten. Der Ausbau der regenerativen Energien wird gefördert. Dabei werden alle Belange des Natur-, Umweltschutz und der Bürger in der Republik Europa beachtet. Das Gemeinwohl hat Vorrang.

Konferenzen zum Klimaschutz hat es bislang genug gegeben. Auch der Worte sind genug gesprochen worden. Die Republik Europa wird sich daher mehr mit den Taten, also der Umsetzung der Vereinbarungen beschäftigen. Wenn es gelingt, hier nicht nur eine Vorreiterrolle zu übernehmen, sondern weltweit in Führung zu gehen, dann hat dies mittel- bis langfristig enorme wirtschaftliche Vorteile. Dies sind Investitionen für die Zukunft, für die Zukunft unserer Enkelkinder, von denen wir ja bekanntlich die Erde nur geborgt haben. Alle Bürger, Politik, Verbände und die Wirtschaft haben ihren Anteil zu leisten. Jeder Bürger kann in seinem privaten Umfeld und bei sich selbst beginnen. Nicht auf die anderen verweisen und schon gar nicht auf den Staat. Die Politik hat die sehr große Verantwortung, dass alles umzusetzen, was vereinbart wurde. Aber nicht nur weil es vereinbart wurde, sondern weil es unbedingt notwendig ist und das Gemeinwohl stärkt.

Verbände, insbesondere Natur- und Umweltverbände, sind starke Anwälte der Natur, aber ich bin der Meinung, dass sie dabei nicht vergessen dürfen, dass auch der Mensch ein Teil dieser Natur ist und ebenfalls des Schutzes bedarf.

Die Wirtschaft hat es bereits zum Teil verstanden, dass aktiver Natur- und Umweltschutz auch ein wirtschaftlicher Vorteil sein kann. Er kostet nicht immer nur Geld, sondern mit der Werbung über das eigene Verhalten können die Absatzmärkte gestärkt und bei vielen Produkten auch neue Märkte erschlossen werden. Je besser unsere Produkte und Dienstleistungen sind, je besser sind unsere Chancen in der Weltwirtschaft.

43. Zum besonderen Anreiz die Klimaziele zu erreichen, wird eine Kohlenstoffsteuer eingeführt. Die Einnahmen werden in der Forschung zum Ausbau der regenerativen Energien genutzt.

Damit es nicht erst wieder zu jahrelangen Verzögerungen kommt, sondern dieses Ziel direkt angegangen wird, müssen Anreize oder auch Anschub geleistet werden. Dies wird mit einer Kohlenstoffsteuer erreicht. Wie hoch sie sein sollte und für was sie eingesetzt wird, muss eine Kommission festlegen, an der neben Klimaexperten und Wirtschaftsexperten auch Naturschutzverbände teilnehmen. Die Einnahmen werden konsequent in die Forschung zum Ausbau und der Effizienzsteigerung der regenerativen Energien investiert. Eine Vereinnahmung in den normalen

Haushalt muss gesetzlich ausgeschlossen werden. Eher wäre noch denkbar, dass hiervon auch zinsfreie Kredite für Investitionen für den Bereich der regenerativen Energien auf der privaten Ebene vergeben werden. Es muss jedoch klar sein, dass dies nur für private Maßnahmen und nicht für verdeckte Wirtschaftsförderung genutzt wird.

44. Die Definition der Arbeit und ihrer Wertstellung muss sich am Gemeinwohl orientieren. Arbeit und Erziehung von Kindern innerhalb der Familien muss besonders beachtet werden.

Diese scheinbar einfache These hat es aber in sich. Die bisherige Definition von Arbeit und ihrer Wertstellung kann nicht mehr bestehen bleiben. Die Entwicklung der Computertechnik geht in einem rasanten Tempo voran. Der Mensch kann damit bald nicht mehr Schritt halten. Die Computertechnik wird immer intelligenter. Wenn ein Mensch mit einem IQ von 200 als Genie gilt, ist er im Vergleich zu einem Intelligent Computer mit einem IQ von ca. 10000 einfach nicht mehr in der Lage, da mitzuhalten. Viele Arbeitsplätze werden zukünftig wegfallen und dies wird schneller geschehen als es uns lieb ist.

Daher ist es unabdingbar notwendig über die Arbeit an sich und ihre Wertstellung intensiv nachzudenken. Hierzu sind die Philosophen aller Regionen gefordert.

In kleineren Gruppen sowie in großen Konferenzen sollten sie sich austauschen und der Politik bei ihren Entscheidungen hilfreich zu Seite stehen.

Bereits Friedrich Nitzsche hatte im ausgehenden 19. Jahrhundert eine Vorahnung davon, dass Industrialisierung und Mechanisierung den Menschen demütigen können:

„Die Maschine ist unpersönlich, sie entzieht dem Stück Arbeit seinen Stolz, sein individuell Gutes und Fehlerhaftes, was an jeder Nicht-Maschinenarbeit klebt, - also ein bisschen Humanität. Früher war alles Kaufen von Handwerkern ein Auszeichnen von Personen, mit deren Abzeichen man sich umgab: Der Hausrat und die Kleidung wurde dergestalt zur Symbolik gegenseitiger Wertschätzung und persönlicher Zusammengehörigkeit, während wir jetzt nur inmitten anonymen und unpersönlichen Sklaventums zu leben scheinen. – Man muss die Erleichterung der Arbeit nicht zu teuer kaufen"

Arbeit und Erziehung stehen bei diesem Thema in einem engen Zusammenhang und sollten bei dieser Gelegenheit in einen Kontext gebracht werden. Denn für die Kinder, ist es nach wie vor wichtig, in den ersten Lebensjahren die Eltern als Bezugspersonen zu haben und nicht die öffentliche Betreuung in Kindertagesstätten.

Der Wert dieser Erziehungsarbeit ist für die Volkswirtschaft sehr bedeutend, wird aber den erziehenden Eltern nicht gelohnt. Die wirtschaftlichen Nachteile (Lohn und später Rente) sind erheblich und waren schon immer ein Teil von Benachteiligungen, insbesondere der Frauen.

Kapitel 6

45. Zur Förderung der Familien und als Ausgleich für die erhöhten Aufwendungen und Einschränkungen wir in der gesamten Republik Europa ein einheitliches Kindergeld nach dem Sozialrecht gezahlt.

Generell sollten alle Familienleistungen zusammengeführt und durch eine Verwaltung gezahlt werden. Dies hätte den enormen Vorteil, dass die Bürgerinnen und Bürger nur zu einer Stelle – einem Familienzentrum - gehen, um alle für sie möglichen Leistungen zu beantragen. Die gesamte Antragstellung und Kommunikation kann auch per Internet erfolgen. Dies erspart Zeit und Wege. Selbst individuelle Beratungen sind Online möglich und erhöhen den Service für die Bürgerinnen und Bürger. Aber nun zum bislang wichtigsten Element der Familienförderung, dem Kindergeld.

In den einzelnen Nationalstaaten der EU wird zwar Kindergeld, oder eine vergleichbare Leistung gezahlt. Aber die Höhen dieser Leistungen sind enorm unterschiedlich. So unterschiedlich, dass es sich zum Beispiel für eine vier- oder fünfköpfige Familie aus Rumänien lohnt, in Deutschland zu arbeiten oder ein Gewerbe zu betreiben – Hauptsache es besteht die uneingeschränkte Steuerpflicht –, denn sie erhält damit Kindergeld in einer monatlichen Höhe von 384,00 oder 582,00 Euro. Dieses Einkommen kann sie zurzeit in Rumänien nicht erreichen. Daher gibt es verständliche Wanderbewegungen um die Familie besser zu versorgen.

Dies kann so nicht bleiben. Daher ist es unabdingbar, dass in der gesamten Republik Europa ein einheitliches Kindergeld gezahlt wird. Zur besseren Steuerung sollte es nach dem Sozialrecht gezahlt werden. Über die Höhe des Kindergeldes soll eine Kommission beraten und der Politik als eine Entscheidungshilfe zu Verfügung stellen. Die Kommission setzt sich aus Sozial- und Finanzwissenschaftlern sowie aus Politikern dieser Fachbereiche der Republik Europa zusammen.

46. Die frühkindliche Erziehung durch die Eltern wird besonders gefördert. Hierzu wird ein einheitliches Elterngeld für maximal 3 Jahr gezahlt. Die Höhe wird in einer Kommission festgelegt.

In den letzten Jahren hat es einen großen Wirrwarr über die Vereinbarkeit von Familie und Beruf gegeben. Es gab zum Beispiel in Deutschland unterschiedliches Elterngeld, Betreuungsgeld, verschiedene Möglichkeiten für einen begrenzten Zeitraum Erziehungszeiten zu nutzen, dazu kommen noch Kindergeld und Kinderzuschlag. Aber die beiden eigentlichen Probleme, die finanzielle Absicherung für die gesamte Familie und die Absicherung desjenigen, der die Kinderbetreuung übernimmt, den Beruf wieder auszuüben bzw. wieder an seinen alten Arbeitsplatz zu kommen, das wurde tunlichst nicht geregelt. Hier wären die Lobbyisten sofort im Dreieck gesprungen und hätten den Politikern Druck gemacht. Immer mit der Wirtschaftskeule „das kostet Arbeitsplätze"!

Aber wenn wir es wirklich wollen, dass Familie und Beruf vereinbar sind und das Kinder in unserer Gesellschaft nicht nur notwendiges Übel zur sozialen Absicherung sind, sondern herzlich willkommen, dann müssen wir dies endgültig regeln. Denn unsere Kinder sind das Wertvollste was wir haben. Ohne sie gibt es keinen Fortbestand unserer Spezies.

Der überwiegende Teil der Sozialwissenschaftler ist der Meinung, dass in den ersten drei Jahren eine Betreuung durch einen oder beide Elternteile die beste Grundlage für die Kinder ist. Daher gibt es ein einheitliches Elterngeld für längstens drei Jahre. Über die Höhe entscheidet die gleiche Kommission wie in der These 45 beschrieben, da beide Themen eng miteinander verbunden sind.

47. Die erziehenden Eltern erhalten einen Rechtsanspruch auf ihren Arbeitsplatz.

Die bisherigen Rückkehrmöglichkeiten sind zum Teil tariflich abgesichert, aber sie haben mehr den Charakter einer freiwilligen Leistung durch den Arbeitgeber. Einen expliziten Anspruch auf seinen Arbeitsplatz hat niemand. Wenn der Staat es allerdings ernst damit meint muss er einen Rechtsanspruch auf den Arbeitsplatz schaffen. Dies sollte und kann auch in beiderseitigem Interesse liegen.

48. Alle Ausbildung (Kindergarten, Schule, Universität, Erwachsenenbildung und berufliche Ausbildung) ist Gemeinwohl und somit ist der Staat dafür zuständig.

Alle Bürger in der Republik Europa sollen einen guten Bildungsstand und die gleichen Bildungschancen haben. Der gesamte Bereich der Bildung ist eine der maßgeblichen Säulen des Gemeinwohles. Dazu ist es erforderlich, dass der Staat die notwendige Infrastruktur bereitstellt und das Bewusstsein bei den Bürgern für eine gute Ausbildung weckt. Für die meisten Regionen sind die gut ausgebildeten Bürger nicht nur zufriedener, sondern es ist auch ein riesiges Potential der Wertschöpfung. Es ist ihr Kapital, wenn Rohstoffe und große Produktionsstätten fehlen. Die betriebliche Ausbildung ist dabei die einzige Ausnahme, dass der Staat für die Ausbildung seiner Bürger verantwortlich ist. In diesen Fällen werden die Betriebe mit ins Boot geholt, wie es seit vielen Jahrzehnten in Deutschland praktiziert wird. Das duale Ausbildungssystem hat sich bewährt und sollte auf die gesamte Republik Europa übertragen werden.

Kapitel 7

49. Bürger: jeder Mensch der auf dem Gebiet der Republik Europa geboren wurde, ist automatisch ein Bürger der Republik Europa. Menschen in den verschiedenen Regionen, mit einem Aufenthaltsgrund, können einen Antrag auf Einbürgerung stellen, wenn sie sich mindestens fünf Jahre straffrei auf dem Gebiet der Republik Europa aufgehalten haben.

Die Problematik der Einbürgerung wird auf mehrere Säulen gestellt. Alle in der Republik Europa geborenen Menschen sind automatisch Staatsbürger der Republik Europa. Dies gilt auch für alle Bürger die in den jetzigen jeweiligen Nationalstaaten eine Staatsbürgerschaft besitzen. Alle anderen Menschen können Bürger der Republik Europa werden, wenn sie dafür einen Antrag stellen und mindestens seit fünf

Jahren straffrei auf dem Gebiet der Republik Europa (in den Nationalstaaten) gelebt haben.

50. Jeder Bürger der Republik Europa kann nur eine Staatsangehörigkeit besitzen.

In verschiedenen der bisherigen Nationalstaaten gab es die Möglichkeit der doppelten Staatsbürgerschaft. Dies hat sich nicht immer bewährt. Es wird daher in der Republik Europa keine doppelte Staatsbürgerschaft geben. Personen, die bislang eine doppelte Staatsbürgerschaft besitzen und nun in der Republik Europa leben, müssen sich für eine Staatsbürgerschaft entscheiden. Eine Mitnahme der doppelten Staatsbürgerschaft oder irgendwelche Ausnahmen gibt es nicht. Die in Frage kommenden Personen werden angeschrieben und ihnen eine angemessene Frist von sechs Monaten zur Entscheidung angeboten.

51. Jeder Bürger der Republik kann sich auf dem gesamten Gebiet der Republik Europa niederlassen, wo er möchte.

Für jeden Bürger der Republik Europa besteht die volle Freizügigkeit, wo er sich innerhalb der Republik Europa niederlassen möchte. Die Regionen sind selbst dafür verantwortlich, ihre Attraktivität bei Arbeitsplätzen und Wohnungsmarkt über den Standard zu steigern, um somit die Bürger für ihre Region zu gewinnen. Durch ein einheitliches Meldesystem ist aber immer gewährleistet, in welcher Region sich der Bürger niedergelassen hat. Dazu muss er sich am alten Wohnort abmelden, den neuen Wohnort dabei angeben und sich umgehend am neuen Wohnort anmelden.

52. Jeder Bürger der Republik Europa hat ein Recht auf ein Grundeinkommen.

Mir ist klar, dass dies ein großes Streitthema ist. In Finnland wird derzeit in einem Feldversuch die Einführung eines bedingungslosen Grundeinkommens getestet. Unabhängig vom Ausgang dieses Versuches, bin ich der Meinung, dass es möglich ist. Über die Höhe und die Art des Einkommens, sowie die Maßnahmen zum Missbrauch, sollten in einer paritätischen Kommission, aus allen Regionen der zukünftigen Republik Europa, ausführlich beraten, gestritten und nach Außen kommuniziert werden.

Dies ist eine weitere tragende Säule innerhalb der Republik Europa. Daher muss auch in der Bürgerschaft darüber gesprochen werden, eine Akzeptanz vorhanden sein und letztendlich ein Konsens geschaffen werden.

53. In allen Regionen der Republik Europa gibt es einen einheitlichen Mindestlohn. Dieser Mindestlohn wird von einem Gremium aus Arbeitgebern, Arbeitnehmern und dem Parlament festgesetzt und wird alle zwei Jahre auf die angemessene Höhe hin überprüft.

Auch wenn sich in Deutschland lange gegen einen Mindestlohn gewehrt wurde, ist er eine erfolgreiche Sache. Denn je lauter die Wirtschaft jammert, desto besser ist der Mindestlohn. In anderen europäischen Nationalstaaten gibt es bereits seit längerer Zeit einen Mindestlohn und dort hat er auch nicht der Wirtschaft geschadet. Es kann sein, das die Gewinnmaximierung nicht ganz so üppig ausgefallen ist, aber der Wirtschaft ist immer wieder etwas dazu eingefallen. Wenn Druck entsteht, bewegt sich sogar der Wirtschaftstanker. Bei der Vereinbarung sind ja alle Beteiligten an einem Tisch und der Mindestlohn ist nicht statisch. Er wird alle zwei Jahre überprüft. Je nach wirtschaftlicher Situation kann er auch nach unten angepasst werden. Dies ist im ersten Augenblick vielleicht bitter, kann aber bedeutend für die gesamte Wirtschaftslage in der Republik Europa sein.

54. Jeder Bürger der Republik Europa hat ein Recht auf eine bezahlbare Wohnung. Der soziale Wohnungsbau wird nach einem strengen Maßstab gefördert. Dieser Maßstab wird von einer Kommission aus Vertretern der Mieter, Vermieter und des Staates festgelegt. Alle Regionen sind hierbei zu beteiligen.

Eine weitere tragende Säule für das Gemeinwohl in der Republik Europa ist das Recht auf eine bezahlbare Wohnung. Natürlich ist es nicht Aufgabe des Staates, den Wohnungsmarkt zu regulieren. Es wird immer teure Wohnungen in teuren oder exponierten Lagen geben. Dies kann auch weiter so sein. Private Wohnwirtschaft wird nicht behindert oder sogar ausgebremst. Aber der Staat ist dafür verantwortlich, dass alle Bürger einen bezahlbaren Wohnraum haben. Dann aber stellt sich die Frage was ist bezahlbar? Das ist nicht so einfach zu beantworten, denn es wird in den Regionen Wohnraum zu unterschiedlichen Preisen angeboten. Aber das Vorhandensein von bezahlbarem Wohnraum in vielleicht ein oder zwei Regionen bedeutet ja nicht, dass alle dorthin ziehen müssen, weil dort leer stehende Wohnungen vorhanden sind. Das käme der Planwirtschaft sehr nahe und würde mit Sicherheit zu unverhältnismäßigen Situationen führen.

Daher ist es unerlässlich, dass der Staat in allen Regionen bezahlbaren Wohnraum zur Verfügung stellt.

Dies kann privat gebauter und bezuschusster Wohnraum sein, aber auch in eigener Regie gebauter Wohnraum. Das System der Wohnbaugenossenschaften hat sich in Deutschland bewährt und könnte überall dort eingesetzt werden, wo es solch ein System nicht gibt. Wer diese Wohnungen dann in Anspruch nehmen kann und wie die Förderung aussehen kann, sollte aus einer Kommission von Fachleuten der Mieter, Vermieter und des Staates, einschließlich der Regionen, festgelegt werden.

In diesem Zusammenhang muss aber auch die Rolle der Landflucht und das urbane Leben in der Stadt mit überdacht werden. Der Trend, dass immer mehr Menschen in einer Stadt wohnen möchten, besteht in ganz Europa. In manchen ländlichen Regionen leben nur noch ältere Menschen. Häuser stehen leer und verfallen. Arbeitsplätze sind nicht vorhanden. Dafür wird in den Städten und Ballungszentren der Platz immer enger. Es gibt zu wenig Wohnraum und insbesondere bezahlbarer Wohnraum. Die dort lebenden Menschen müssen einen verhältnismäßig hohen Anteil ihrer Einkünfte für den Wohnraum ausgeben. Das Geld fehlt dann an anderer Stelle und steht für den täglichen Konsum nicht zur Verfügung.
Wenn aber immer mehr Menschen in die Städte ziehen, kann eine Stadt nicht nur aus Beton und Asphalt bestehen. Der Anteil der Grünflächen muss dabei im gleichen, wenn nicht noch im größeren Maße gesteigert werden. Dies kann im jetzigen bestehenden städtischen Umfeld nur mit Wohngebäuden erreicht werden, die in die Höhe und nicht in die Fläche ge-

hen. Oder der Landflucht wird generell durch gezielte Infrastrukturmaßnahmen entgegengewirkt, so dass das Leben auf dem Land sich lohnt und die Wege zur Arbeitsstätte und auch zu den kulturellen Möglichkeiten der Städte noch im Pendelbereich liegen.

Aber was wirklich ein vollkommen neues System des städtischen Lebens wäre, der Neuaufbau von neuen Städten mit einem ganz anderen Grundriss wie bisher. Ich könnte mir dies analog dem Venus Projekt von Jacque Fresco vorstellen. Zum Beispiel, eine Stadt in Kreisform. Im inneren Ring wären die größten Grünflächen, mit Sport und Kulturstätten. Im zweiten Ring die Einkaufsmeilen, Bürogebäude, Verwaltungen und medizinische Einrichtungen. Im dritten Ring wiederum gibt es Grünflächen als Freizeit- und Erholungsflächen. Im vierten Ring alle Wohneinheiten in beliebiger Größe, Ausstattung und Masse. Wobei der Schwerpunkt klar auf Gebäude mit vielen Wohnungen liegt, die aber alles andere als langweilig gestaltet sind. Auch hier ist sehr viel Grün im Spiel. Es gibt zu diesem Thema bereits sehr viele und sehr gute Vorschläge. Bis hin zu einem Vorschlag, den ich auf der Expo 2000 in Hannover gesehen habe. Das war der vertikale Bauernhof aus den Niederlanden. Es war ein beeindruckendes, tolles Projekt.
Im fünften Ring könnte nochmals eine Grünzone eingerichtet werden, in den alle Bildungseinrichtungen (Schulen, Universität....) integriert wären. Im sechsten und letzten Ring wäre die gesamte Industrie angesiedelt. Als äußere Begrenzung fungiert eine sechsspurige Ringautobahn. Von ihr wird die gesamte Stadt

erschlossen. Vorrang hat jedoch der öffentliche Nahverkehr der komplett an die Erfordernisse angepasst ist. Ja dies ist eine Utopie! Aber vor 30 Jahren waren Handys auch eine Utopie.

55. Jeder Bürger der Republik Europa hat ein Recht auf einen Arbeitsplatz

Ein weiteres Thema welches die Gemüter erhitzen wird, ist das Recht auf einen Arbeitsplatz. Aber die Republik Europa unterscheidet sich auch in diesem Thema grundlegend von anderen großen Staaten oder Staatsformen. Sie ist auf das Gemeinwohl ausgerichtet und somit ist das Recht auf Arbeit ein Grundrecht. Dies ist somit auch ein Auftrag an andere Bereiche, die hierfür Verantwortung übernehmen. Angefangen von den Bürgern selbst, über die Arbeitsverwaltung und die Arbeitgebern, bis hin zur EZB die durch ihre Geldpolitik der Wegbereiter dafür ist. Die Rolle der EZB, wird aber noch in einer späteren These behandelt.

56. Jeder Bürger der Republik Europa hat ein Recht auf Bildung. Die Bildung ist für die Bürger der Republik Europa kostenfrei.

Die Bildung seiner Bürger ist das Kapital von morgen für die Republik Europa. Das muss es ihr Wert sein, alle Bildung zu fördern und jedem Bürger zugänglich zu machen. Um es hier deutlich zu sagen, es kann nicht sein, das die Bildung an der sozialen Herkunft scheitert, daher ist sie kostenfrei!

57. Alle erworbenen Schul-, Bildungs-, Studien- und Ausbildungsabschlüsse werden in der gesamten Republik Europa anerkannt. Lehrpläne und Prüfungen sind daher einheitlich zu gestalten.

Um einen einheitlichen Bildungsstand in der gesamten Republik zu erreichen, werden natürlich alle erworbenen Bildungsabschlüsse in der gesamten Republik Europa anerkannt. Dazu müssen aber alle Lehrpläne und Prüfungen den gleichen Inhalt haben. Eine Delegierung auf die Regionen ist in allen Allgemeinbildungen, Studium und beruflichen Bildungen nicht möglich. Die zusätzlich in den Regionen angebotenen Ausbildungen, gleich welcher Art, sind in und mit den Regionen einvernehmlich zu regeln. Dies bedarf einer längeren Übergangsfrist, die sich aus der maximalsten Länge einer Ausbildung (z. B. Medizinstudium) ergibt. Die Lehrpläne und Prüfungsrichtlinien werden von einer Kommission aus allen Regionen zusammengestellt. Dabei ist es wichtig, dass auch Vertreter der Wirtschaft an diesen Gesprächen zu beteiligen sind, um die Bedürfnisse für die Wirtschaft besser zu vertreten.

58. Es gibt in der gesamten Republik Europa eine einheitliche Schulbildung ohne permanente Änderungen im System. Starke und Schwache sind gleichberechtigt, aber unabhängig voneinander zu fördern.

In den vergangenen Jahrzehnten sind die Schulsysteme permanent verändert worden. Bis hin zu Kurzschuljahren in Deutschland, die ich selbst erlebt habe. In jeder Region gibt es andere Erfahrungen mit Schulsystemen, Ferien und Prüfungsordnungen. Die einheitliche Schulbildung in einem stabilen System muss daher sorgfältig geplant werden. Die Kommission für die 57. These ist dafür ebenfalls zu nutzen. Sie sollte ausführlich darüber diskutieren und einen abschließenden Vorschlag erarbeiten. Hier ist es wichtig, die Bürger auf dem laufenden Planungsstand zu halten um auch von dort Reaktionen und Meinungen in den Prozess einzubinden.

Was wir in diesem Zusammenhang aber unbedingt beachten sollten, ist die Frage, ob wir mit den bestehenden Schulsystemen einfach so weitermachen wollen, obwohl sie den Anforderungen des 21. Jahrhunderts nicht mehr genügen. Neues Lernen, neue Unterrichtsmethoden, Kreativität fördern und ausbauen, dies sind Themen, die uns nicht egal sein sollten. Die bisherigen Lernmethoden haben sich in den letzten 100 Jahren nicht grundlegend verändert. Klar, die technischen Ausstattungen sind verbessert – ein wenig zumindest, aber das grundsätzliche Prinzip, dass da vorne der Wissende steht und die anderen die Unwissenden sind, hat sich nicht geändert. Auch nicht, dass der Wissende dafür verantwortlich ist, was ist wichtig und was ist nicht wichtig – aber bitte nur bezogen auf eine Prüfung, nicht auf das Leben. Neue Ideen sind hierzu gefragt, sonst werden wir irgendwann abgehängt. Das wäre fatal.

Denn wie bereits gesagt, die gute Ausbildung unserer Kinder ist das beste und nachhaltigste Kapital, was die Republik Europa dann hat.

Kapitel 8

59. In der gesamten Republik Europa wird eine einheitliche Arbeitslosenversicherung eingeführt. Die Beiträge werden von allen (Arbeiter, Angestellte, Selbständige und Arbeitgebern) in der gleichen prozentualen Höhe eingezahlt.

Um das Gemeinwohl zu stärken, ist auch dieser Schritt erforderlich. Auf Grund der immer schwankenden wirtschaftlichen Entwicklung und der bisher damit verbundenen Reisetätigkeit von Arbeitnehmern in Nationalstaaten mit einer höheren sozialen Absicherung, ist eine einheitliche Versicherung im Falle der Arbeitslosigkeit unerlässlich. Auch Selbständige können hierzu Beiträge für sich selbst zahlen um in einem Versicherungsfall abgesichert zu sein. Bei Firmenschließungen oder Insolvenzen greift dann der Versicherungsfall für Selbständige. Die Beiträge werden von allen Versicherten in der gleichen prozentualen Höhe von ihrem Bruttoeinkommen gezahlt. Die Arbeitgeber zahlen in der gleichen Höhe ihre Beiträge. Bei Selbständigen besteht die Grundlage aus der Höhe der persönlichen Entnahme und dem betriebswirtschaftlichen Ergebnis. Eine Kappungsgrenze ist nicht vorgesehen. Wie hoch dieser prozentuale Anteil sein muss, um in der gesamten Republik diese Versicherung gewährleisten zu können, muss eine Kommission aus Wirtschafts- Sozial- Rechtswissenschaftlern sowie der Politik berechnen. In dieser Kommission wird dann auch die Bezugsdauer der Versicherungsleistung festgelegt.

60. Die bestehenden Arbeitslosenversicherungen in den jetzigen Nationalstaaten werden neu geordnet. Oberstes Ziel ist die Vollbeschäftigung in allen Regionen der Republik.

Natürlich ist in jedem der bisherigen Nationalstaaten das Streben nach einer Vollbeschäftigung ein großes Ziel, an dem hart aber mit unterschiedlicher Herangehensweise gearbeitet wird. In allen bisherigen Nationalstaaten gab es eine Arbeitslosenversicherung. Es wurde mit unterschiedlichen Ansätzen, monetären

Hilfen und auch unterschiedlichen Philosophien gearbeitet. In der Republik Europa ist dies das oberste Ziel. Denn mit einer Vollbeschäftigung geht es dem größten Teil der Bürger (und dem Staat) gut und sie haben einen Anteil an den Vorteilen der Republik Europa.

61. Das Beste und Praktikabelste aus den bestehenden Arbeitslosenversicherungen aus allen Regionen der Republik Europa werden zur neuen Arbeitslosenversicherung zusammengefasst. Eine Kommission aus allen Regionen und spezialisierten Hochschulen der Republik Europa soll hierzu Vorschläge erarbeiten.

Nach dem Motto „Best Practice" werden alle bestehenden nationalen Arbeitslosenversicherungen aufgelöst und in der Europäischen Arbeitslosenversicherung integriert. Die dazu erforderliche soziale Gesetzgebung muss ebenfalls angepasste werden. Nach welchem System die Arbeitslosenversicherung arbeitet und wie sie als Arbeitslosenagentur mit ihren Kunden arbeitet, welche Ziele sie vorgibt und wie es finanziert wird, muss eine Kommission erarbeiten. Sie macht Vorschläge und bietet auch mindestens eine Alternative an. Die Kommission besteht aus Teilnehmern aller Regionen und dafür spezialisierten Hochschulen sowie Hochschulen der Rechtswissenschaft. Die Moderation erfolgt durch das Arbeitsministerium.

Zum Thema „ Best Practice" möchte ich aber noch etwas zu bedenken geben. Nur weil ein System in der Vergangenheit gut funktioniert hat, heißt das noch lange nicht, dass es das richtige für die Zukunft ist. Wenn wir von der „Best Practice" reden, ist dies immer ein Kopieren von bereits vorhandenem. Ja klar, werden die einen sagen. Wir müssen das Rad doch nicht neu erfinden. Dies stimmt wohl. Aber sollten wir bei dem Rad nicht doch nochmal nachsehen ob es noch richtig funktioniert, auch in der Zukunft. Ist das Profil des Rades noch in Ordnung? Ist die Nabe noch in Ordnung oder hat sich Sand in das schlecht geölte Radlager eingenistet? Ein einfaches Übernehmen von bislang bewährten Systemen und Praktiken führt uns nicht weiter! Dies trifft auch auf alle nachfolgenden Hinweise zur „ Best Practice" zu.

62. In der gesamten Republik Europa wird eine gleiche Rentenversicherung eingeführt. Die Beiträge werden von allen (Arbeiter, Angestellte, Beamte; Selbständige) in der gleichen prozentualen Höhe eingezahlt. Über die Höhe der Rente verständigt sich eine Kommission, die paritätisch besetzt, von der Regierung eingesetzt wird.

In den meisten bisherigen Nationalstaaten ist der demographische Wandel ein ernstes Problem für die Daseinsführsorge. Renten- und Krankenversicherungen haben nicht mehr genügend Mitglieder, die Beiträge einzahlen um damit die ältere Generation zu finanzieren. Zudem wurden in vielen Nationalstaaten die Rückstellungen für die Beamtenversorgungen in die laufenden Haushalte eingebunden, so dass sie eigentlich nicht vorhanden sind und dadurch enorme Finanzlücken entstanden sind. Dies betrifft dann auch die Republik Europa. In den Nationalstaaten wurden über diese Systeme viele Debatten und fast schon „Glaubenskriege" geführt.

Die Republik Europa kann sich dies nicht erlauben. Die Menschen und auch die Wirtschaft müssen ein sicheres System erkennen, auf das sie sich verlassen und auch zukunftsfähig planen können. Aber es muss auch auf Dauer tragbar sein für alle Beteiligten. Daher werden alle in das Rentensystem einbezogen. Dies bedeutet, nicht nur wie bisher Arbeitnehmer, sondern auch leitende Angestellte, Beamte und Selbständige sind beitragspflichtig.

Alle Beitragszahler zahlen die gleiche prozentuale Höhe ihres Bruttoeinkommens. Bei Selbständigen besteht die Grundlage, wie bereits in der 59. These beschrieben, aus der Höhe der persönlichen Entnahme und dem betriebswirtschaftlichen Ergebnis. Eine Kappungsgrenze ist nicht vorgesehen Aus diesen Beitragsmitteln wird eine monatliche Rente in einer noch festzusetzenden Höhe gezahlt. Dies muss so transparent sein, dass die Bürger frühzeitig die Höhe ihrer Rente berechnen können, um somit nach ihren Möglichkeiten und Wünschen eine zusätzliche Absicherung anzusparen. Auf jeden Fall muss es gesichert sein, dass eine langjährige Beitragseinzahlung eine Rente ergibt, von der ich meinen Lebensunterhalt bestreiten kann.

Eine paritätisch besetzte Kommission, jetzt noch vom Europaparlament, später von der Regierung eingesetzt, wird über die prozentuale Höhe der Beiträge und die daraus erwachsende Rente beraten und als Vorschlag unterbreiten. Sie wird auch in späteren Jahren die Regierung in Fragen des Rentensystems beraten und bleibt daher bestehen.

63. Betriebliche, zusätzliche Altersvorsorgen und private Versicherungen sind weiterhin möglich. Sie können auch Bestandteil von Tarifvereinbarungen sein.

Natürlich sind auch weiterhin zusätzliche Altersvorsorgen möglich. Hier bieten sich insbesondere für Arbeitnehmer die betrieblichen Altersvorsorgen an, die Bestandteil von Tarifverträgen sind und auch attraktive Lohnzahlungen darstellen können. Auch alle privaten zusätzlichen Versicherungen sind jederzeit möglich. Sie sind jedoch darauf ausgerichtet, zusätzliche Mittel im Alter bereit zu stellen und nicht das Rentensystem zu ersetzen!

64. In der gesamten Republik Europa wird <u>eine</u> gleiche Krankenversicherung als Pflichtversicherung eingeführt. Die Beiträge werden von allen (Arbeiter, Angestellte, Beamte; Selbständige) in der gleichen prozentualen Höhe eingezahlt. Private, zusätzliche Versicherungen sind weiterhin möglich, werden aber nicht gefördert.

In allen Nationalstaaten gibt es eine mehr oder weniger organisierte Krankenversicherung. Aber überall bestehen die gleichen Probleme. Es gibt zu wenig Beitragszahler für zu viele Beitragsempfänger und zu hohe Kosten. In Deutschland wurde auf Vielfalt gesetzt und eine unüberschaubare Anzahl von Krankenkassen ist entstanden. Aber der eigentliche Effekt, das Ganze effizienter zu machen, ist nicht gelungen. Die Vorschriften sind mittlerweile so undurchsichtig geworden, dass selbst Spezialisten keinen richtigen Durchblick mehr haben. Überall ist eine Drei-Klassen-Medizin entstanden und der Wahn der Kosteneinsparungen nimmt abstruse Formen an. Im gesamten Gesundheitswesen gibt es viel zu wenig Beschäftigte für viel zu viel anfallende Arbeit. Insbesondere im pflegerischen Bereich.

Auch die privaten Krankenversicherungen sind wie Pilze aus dem Boden geschossen und haben die leistungsfähigen und gesunden Bürger zu sich gezogen, um damit Profit zu machen. Und die sind auf die vermeintlich geringeren Beiträge hereingefallen und

126

entziehen sich somit der gesetzlichen Krankenversicherung. Jedoch wenn sie älter werden und vielleicht auch nicht mehr so ein hohes Einkommen haben, dann kommt das Erwachen. Ein Teilerwachen erfolgt zurzeit bereits auf diesem Sektor. Durch die niedrigen Zinsen können sich die privaten Krankenkassen nicht mehr ausreichend finanzieren. Überall wird von Beitragserhöhung oder Leistungsminderung gesprochen. Dies ist nur ein Vorgeschmack auf die Zukunft. So ist das eben – die Privatwirtschaft treibt der Gewinn an!

Daher ist es unerlässlich in der Republik Europa <u>eine</u> einheitliche Krankenversicherung, als Pflichtversicherung zu installieren. Auch in dieser Sozialversicherung sind alle Arbeitnehmer, Beamte und Selbständige beitragspflichtige Zahler. Eine vollständige private Krankenversicherung ist nicht mehr möglich. Die Heilfürsorge der Beamten wird ebenfalls nicht mehr möglich sein und wird in das Krankenversicherungssystem eingebettet. Analog zur These 62 der Rentenversicherung werden die Beiträge von allen Beitragszahlern in der gleichen Höhe gezahlt. Ebenso wird hier eine paritätisch besetzte Kommission die Kosten und den prozentualen Beitrag ermitteln.

Die Bürger können sich auch weiterhin privat zusätzlich versichern. Aber diese Versicherung ist <u>zusätzlich</u> und kann die gesetzliche Krankenversicherung nicht ersetzen.

65. Die bestehenden Gesundheitswesen der jetzigen Nationalstaaten werden neu geordnet. Es gilt der Grundsatz: je weniger Menschen in der Republik Europa krank sind, desto besser hat das medizinische System gearbeitet und umso besser ist der Verdienst des medizinischen Personals.

Mit der Einführung einer Krankenversicherung ist es auch notwendig, das gesamte bestehende Gesundheitswesen zu reformieren. In den meisten Gesundheitssystemen steht nicht mehr der Mensch als der Patient im Vordergrund, sondern das betriebswirtschaftliche Ergebnis. Hierbei ist es egal, ob es eine Arztpraxis oder ein Krankenhaus ist. Überall herrscht der pure Kostendruck und behindert oft die medizinische Genesung des Patienten. Ärzte und Pflegefachkräfte versuchen in den meisten Fällen durch ihren besonderen Einsatz, vieles wieder auszubügeln, was ihnen das Gesundheitssystem aufgebürdet hat.

In der Republik Europa mit ihrem Ziel des Gemeinwohles kann so nicht mehr weitergearbeitet werden. Nicht nur die Beitragsseite der Krankenversicherung muss reformiert werden, sondern die grundsätzliche Philosophie im Gesundheitswesen muss sich ändern. Nicht mehr der Kostendruck in Form von Budgets bei den Ärzten und Krankenhäusern, sondern ihr medizinischer Erfolg muss im Vordergrund stehen. Dazu gilt der Grundsatz, je weniger Menschen in der Republik Europa krank sind, desto besser hat das medizinische

System gearbeitet und nach diesem Erfolg bemisst sich der Verdienst. Dieses System wurde bereits diskutiert und ich denke, es kann durchaus eine gute Alternative zum bestehenden kostenorientierten Gesundheitssystem sein. Durch eine breite Diskussion im Bereich des bestehenden Gesundheitssystems, muss dies aber näher erörtert werden.

66. Das Beste und Praktikabelste im Gesundheitswesen aus allen Regionen der Republik Europa werden zum neuen Gesundheitswesen zusammengefasst. Im Vordergrund steht der Mensch als Patient. Eine Kommission aus allen Regionen und spezialisierten Hochschulen der Republik Europa wird hierzu Vorschläge erarbeiten.

Auch im Bereich des Gesundheitswesens sollte das Motto „Best Practice" vorherrschen. Wie bereits in der vorhergehenden These beschrieben, ist eine umfassende Diskussion zu diesem Thema erforderlich. Daher ist die Kommission mit Fachleuten aus allen Regionen und spezialisierten Hochschulen ein wichtiger Bestandteil das Gesundheitssystem zu reformieren. Dabei sollten die Menschen die in diesem Bereich arbeiten, auch um ihre Meinung gebeten werden. Die Art und Weise wie dies erfolgen kann, obliegt der Kommission. Ich kann mir vorstellen, dass dies ein sehr komplizierter und langwieriger Prozess

ist, aber er ist auf jeden Fall der Mühe wert, denn
weiter wie bisher ist der falsche Ansatz!

**67. In der gesamten Republik Europa wird
eine gleiche Pflegeversicherung eingeführt.
Die Beiträge werden von allen (Arbeiter,
Angestellte, Beamte; Selbständige) in der
gleichen prozentualen Höhe eingezahlt.**

Eine weitere Säule des sozialen Sicherungssystems ist
die Pflegeversicherung. Einige Nationalstaaten haben
sie bereits und haben grundsätzlich gute Erfahrungen
damit gemacht. Auch in diesem Bereich ist der demographische Wandel deutlich spürbar. Die Bevölkerung wird immer älter und bedarf immer mehr Pflege. Die klassische Situation der Pflege zu Hause wird
immer weniger, da sich die Familienstrukturen dra-
matisch verändert haben. Die Zunahme der Single-
haushalte wird sich in 30 bis 40 Jahren noch viel mehr
auswirken als wir denken. Selbst da, wo noch eine
Pflege zu Hause vorhanden ist, sind finanzielle und
pflegerische Unterstützungen unbedingt erforderlich.

Um diese Kosten auch in Zukunft zu sichern, wird in
der Republik Europa eine einheitliche Pflegeversicherung eingeführt. Alle bisherigen Pflegeversicherungen
gehen in der neuen Pflegeversicherung auf.
Wer beitragspflichtig ist, in welcher prozentualen
Höhe der Beitrag gezahlt werden muss, und wie die
Leistungstabelle aussieht, ist analog der Krankenver-

sicherung zu entnehmen und wird daher hier nicht mehr näher erläutert. Da ein extrem enger Zusammenhang zwischen dem Gesundheits- und dem Pflegesystem besteht, ist die Kommission der Krankenversicherung auch für die Pflegeversicherung zuständig. Dies gewährleistet einen Entwurf aus einem Guss.

68. Die in den jetzigen Nationalstaaten bestehenden Pflegesysteme werden neu geordnet. Der Mensch als Patient und als Pflegepersonal steht im Vordergrund.

In der Zukunft wird durch die immer älter werdende Gesellschaft ein umfassendes Pflegesystem erforderlich sein. Dazu kommen noch der demographische Wandel und die fehlenden Möglichkeiten, die überwiegende Pflege zu Hause zu erledigen. Alle bisherigen Pflegesysteme sind ausschließlich am Budget orientiert. Pflegehäuser oder mobile Pflegedienste sind immer am Rande des Geldnotstandes. Pflegepersonal wird nicht ausreichend entlohnt. Dadurch wird dieser Beruf immer unattraktiver und die Arbeitszeiten und Arbeitsbedingungen geben da den Rest. Zudem ist der Stellenwert der Pflegekräfte in der Gesellschaft nicht sehr hoch, obwohl sie dies verdient hätten.

Das neue Pflegesystem muss sich an den Erfordernissen für Patienten und Pflegepersonal orientieren, ohne die Kosten aus den Augen zu verlieren. Dies geht mit einer vernünftigen und ausgewogenen Budgetierung. Wichtig ist jedoch, dass die Menschen im Vordergrund stehen und nicht die Statistiken und Dokumentationen, die nie ein Mensch liest, aber Unmengen an Zeitressourcen binden.

69. Das Beste und Praktikabelste in den bestehenden Pflegesystemen, aus allen Regionen der Republik Europa, werden zum neuen Pflegesystem zusammengefasst. Eine Kommission aus allen Regionen und spezialisierten Hochschulen der Republik Europa wird hierzu Vorschläge erarbeiten.

Auch in diesem Fall gilt der Grundsatz der „Best Practice", auch wenn ich denke, dass es nicht viel Gutes gibt, was übernommen werden kann. Aber das sollte eine Kommission aus allen Regionen und spezialisierten Hochschulen erarbeiten. Unbedingt sollte jedoch in dieser Vorschlagsfindung die Meinung der Praktiker aus allen Regionen eingeholt werden und in die Überlegungen mit einbezogen werden. Und das nicht nur pro forma! Die Kommissionen der Pflegeversicherung und der Krankenversicherung müssen sich in ihren Maßnahmen abstimmen, um keine Überschneidungen oder gegenteilige Aussagen/ Vorschläge zu machen.

70. Die Gesundheitsvorsorge und Pflege ist in allen Regionen der Republik Europa zu gewährleisten. Die Bereitstellung der dafür notwendigen Infrastruktur ist durch regionalen Verwaltungen sicherzustellen.

Grundsätzlich gibt es in der gesamten Republik Europa nur eine Krankenversicherung und eine Pflegeversicherung. Damit vor Ort auch Ansprechpartner sind, sollten in allen Regionen gemeinsame Standorte dieser Versicherungen geben. Die Zahl sollte jedoch möglichst gering gehalten werden, um Kosten in der Verwaltung zu optimieren. Vielmehr ist die interaktive Bildschirmtelefonie (egal wie sie sich dann nennt) zu präferieren. Der absolut überwiegende Teil aller Fragen und Probleme lässt sich so regeln. Zumal die Technik immer weiter fortschreitet und es später für die Bürger vollkommen normal ist, sich mit einem Computerprogramm zu unterhalten.

Kapitel 9

71. In der gesamten Republik Europa werden für die Bürger gleiche Steuersätze erhoben. Die Höhe und Staffelung der Steuersätze werden durch eine Kommission festgelegt. Dabei sind die vielfältigen Aufgaben der Republik Europa und das Solidarprinzip zu berücksichtigen. Die Kommission ist paritätisch besetzt und wird durch spezialisierte Hochschulen unterstützt. Den Regionen ist es möglich zusätzliche Steuersätze zu erheben.

Im nun anstehenden Kapitel 8 wird die Grundlage für das gesamte Gemeinwohl in der Republik Europa erstellt. Dabei sind Steuern natürlich immer der „Feind" des Bürgers oder des Unternehmers. Aber das Gemeinwohl zu stärken, zu fördern und in vielen Fällen erst einmal zu schaffen, benötigt Finanzmittel – sehr viele Finanzmittel! Um diese Finanzmittel zu decken, sind Steuern wichtig und in der Republik Europa auch unerlässlich. Aber sie sollen gerecht erhoben und auch eingezogen werden. Steuertricks, Steuerschlupflöcher und Abwanderung in Steuerparadiese wird es nicht geben. Um es nochmals klar zu sagen: jeder muss seine Steuern zahlen! Die Arbeitnehmer haben durch den direkten Abzug der Steuern von ihren Löhnen und Gehältern, wenig Einfluss auf die Zahlung der Steuern. Bei Firmen, Selbständigen und Privatpersonen mit sehr großem Vermögen sieht dies anders aus. Aber auch hier hat jeder seinen festgesetzten Steuersatz zu zahlen. Dabei ist das Solidarprinzip zu berücksichtigen, was bedeutet, dass Vermögende auch einen etwas größeren Beitrag zu leisten haben. Um die Höhe der Steuern und deren Staffelung zu ermitteln, wird eine paritätisch besetzte Kommission, mit Unterstützung durch spezialisierte Hochschulen eingesetzt. Um die Höhe des Steueraufkommens zu berechnen, ist daher von dieser Kommission auch die zu erwartende Ausgabenseite zu ermitteln. Dies möglichst genau, um einen angemessenen Steuersatz zu bekommen. Diese Steuersätze gelten dann in der gesamten Republik Europa. Den Regionen ist es gestattet, darüberhinausgehende Steuern zu erheben. Dies wird insbesondere im kommunalen Bereich sein. Diese Steuern dürfen aber nicht dem geltenden Recht der Republik Europa widersprechen oder eine doppelte Besteuerung sein.

72. Für alle erzielten Kapitalerträge wird eine gesonderte Steuer erhoben. Die Höhe wird von der gleichen Kommission, wie in der 71. These beschrieben, festgesetzt.

In den bisherigen Nationalstaaten sind Kapitalertragssteuern ein heißes Thema und wurden auch sehr unterschiedlich gehandhabt. Das wird es in der Republik Europa nicht geben. Es wird eine einheitliche Kapitalertragssteuer festgesetzt. Über die Höhe entscheidet die gleiche Kommission wie in der 71. These.

73. In der Republik Europa gibt es nur eine Währung. Dies ist der Euro.

Bei allen Widersprüchen der letzten Jahre und auch der momentanen Krisen ist der Euro die Währung der Republik Europa. Durch die Auflösung der Nationalstaaten, mit ihren unterschiedlichen Zentralbanken, wird der Euro eine andere Stabilität erhalten. Viele, zum Teil auch berechtigte Kritiken gegenüber dem Euro, wie sie Hans Werner Sinn in seinem Buch „Der schwarze Juni" beschrieben hat, werden damit aufgehoben. Der Euro hat damit eine viel bessere Chance, langfristig eine stabile Währung zu sein.

74. Das Finanzsystem muss insgesamt gründlich durchdacht und reguliert werden. Es muss transparent, gegenüber jedem gleich gerecht und ohne Steuerschlupflöcher sein.

Um diese Ziele zu erreichen, muss das gesamte Finanzsystem gründlich durchdacht und entrümpelt werden. Es muss dabei so transparent sein, das es auch jeder verstehen kann. In Deutschland ist es jetzt so kompliziert, dass selbst Fachleute keinen richtigen

Durchblick mehr haben und vielfach Gerichte über zweifelhafte Fälle entscheiden und dann selbst dort zu unterschiedlichen Ergebnissen kommen. Dies kann nur bedeuten, es ist alles viel zu kompliziert! Je transparenter und einfacher das Steuersystem ist, desto weniger Steuerschlupflöcher wird es geben. Und wenn doch, können sie schnell und wirkungsvoll geschlossen werden.

75. Unternehmen mit Standorten auf dem Gebiet der Europäischen Republik werden auch hier besteuert. Nicht der Sitz ist maßgebend, sondern die Standorte. Jegliche Art von Steuerflucht ist zu unterbinden. Die Regelungen sind so zu treffen, dass Steuerschlupflöcher nicht entstehen können.

Nirgendwo bei der Besteuerung wird so geschummelt, gelogen und hinterzogen, wie im Bereich der Unternehmen. Insbesondere die multinationalen Firmen machen sich das Steuerchaos und die „Steuersonderangebote" in den europäischen Nationalstaaten zu Nutze. Dies muss aufhören. Die Unternehmen werden nicht mehr als Ganzes betrachtet, sondern die Standorte an denen produziert und Umsätze gemacht werden, sind auch dort zu besteuern. Damit sind auch Firmen, die außerhalb der Republik Europa ihren Sitz haben, nicht mehr in der Lage ihre Gewinne, an der Steuer vorbei, ihren Aktionären zu verteilen. Verluste aus anderen Standorten können die Gewinne an anderen Standorten nicht künstlich herunterschrauben. Auch können Gewinne nicht in Steuerparadiese transferiert werden, denn das würde den Strafbestand der Steuerflucht beinhalten.

Für die Internetfirmen spielen weder der Sitz noch die Standorte eine große Rolle. Sie werden mit einer Umsatzsteuer belegt, die für die gesamte Republik Europa einheitlich Hoch ist. Die Höhe der Umsatzsteuer ist an die Besteuerung an die Gewinne angepasst und kann jeder Zeit an neue Situationen angepasst werden.

Die Gesetzgebung der Steuerhinterziehung muss diesem System angepasst werden und viel höhere Strafen für Steuerhinterziehung festsetzen. Steuerhinterziehung ist kein Kavaliersdelikt, sondern eine schwere Straftat!

76. Die europäische Zentralbank untersteht der Aufsicht des Senates. Sie ist nicht nur für die Steuerung der Geldflüsse, sondern auch für die daraus entstehenden wirtschaftlichen Folgen verpflichtet. Insbesondere auf das Ziel der Vollbeschäftigung.

Als die Europäische Zentralbank (EZB) gegründet wurde, hatte sie ein enges Korsett, in dem sie ihre Arbeit verrichten sollte. Sie sollte mit den Nationalbanken zusammenarbeiten und die Geldflüsse innerhalb der EU regeln und überwachen. Die Situation in 2017 ist eine andere. Die EZB ist in ihrem Wirken vollkommen aus dem Ruder gelaufen. Sie greift in die nationale Geldpolitik ein, sie setzt eigenmächtig die Höhe der Zinsen fest und das alles ohne eine Legitimation. Sie untersteht keiner Aufsicht und kann tun und lassen, was sie will. Das macht sie auch gerade. Führende Ökonomen, ob liberaler oder konservativer Ansicht, sind sich in diesem Punkt einig. Die EZB maßt sich Kompetenzen an, die sie nicht hat und zu denen sie nicht legitimiert wurde.

In der Republik Europa untersteht sie der Aufsicht des Senates. Sie erhält klare Aufgaben und Kompetenzen und muss sich in ihrer Aufgabenerledigung durch den Senat prüfen lassen. Welche Rolle sie insgesamt spielt, sollte sie nach einem umfangreichen Symposium der führenden Wirtschafts- und Ökonomiewissenschaftlern und den Finanzpolitikern ermittelt werden. Hierbei sollten alle politischen Richtungen mit einbezogen werden. Den Vorsitz sollte der letzte Nobelpreisträger für Wirtschaft übernehmen. Aber unabhängig von dem Ergebnis dieses Symposiums sollte das große Ziel der EZB immer die Vollbeschäftigung sein. Damit hat sie ihren Anteil am Gemeinwohl in der Republik Europa!

77. Die Banken werden gründlich reguliert – Ausschluss von Risikospekulationen. Hohe Einlagensicherungen sind von den Banken selbst zu tätigen. Die Vorgaben werden durch die EZB geregelt. Im Falle von Zahlungsschwierigkeiten sind diese Rücklagen zu nutzen. Es gibt keine Rettung aus Steuermittel. Volle Haftung des Managements.

Die letzten Wirtschaftskrisen waren immer Bankenkrisen. Gelenkt von der ungeheuren Gier nach Profit, sind Geschäfte getätigt worden, die eigentlich kein Bankkaufmann tätigt. Das war eher Russisches Roulett auf Kosten der Steuerzahler. Nach der letzten schweren Krise von 2007/2008, an der immer noch die Staaten laborieren, wurde Besserung gelobt und um Hilfe durch die Nationalstaaten und die EU gebettelt. Selbst der Internationale Währungsfond (IWF) wurde mit ins Boot geholt um die eigene Misere mit Hilfe der Steuerzahler abzuwenden. Aber im gleichen Atemzug wurden sich in den Vorstandsetagen reichhaltige Boni genehmigt. „Was soll's!" Die anderen zahlen ja! Das ist Zynismus pur und ist für mich eigentlich eine Straftat, die aber mangels Gesetze nicht angeklagt werden kann.

Das wird sich aber in der Republik Europa ändern. Die Banken sind für ihr Wirtschaften eigenverantwortlich und haften dementsprechend auch. Die Krisen haben gezeigt, dass die Banken eine ausreichende Einlagensicherung vorzuweisen haben. Dies wird dann auch durch die EZB geprüft und sollten sie sich nicht daran halten, gibt es eine Bank weniger. Sollte sich eine Bank verspekulieren, haftet sie selbst mit ihrer Einlagensicherung. Eine Rettung mit Steuermitteln ist ausgeschlossen. Sollten die Einlagensicherungen nicht ausreichen, wird auch das Management in die Haftung genommen, auch mit ihrem privaten Vermögen. Dies haben sie ja größtenteils durch die Bank erhalten. Die Managergehälter sind ja üppig genug. Sollte auch das nicht ausreichen, ist bei vorsätzlichen Taten sogar eine strafrechtliche Verfolgung möglich und kann mit Haftstrafen enden.

78. Der Markt kann sich nicht selbst überlassen werden. Er muss sich nach den Prinzipien, eher eines modernen (sozialen) Kapitalismus, in Verbindung mit einem modernen Staat ausrichten. Das Ziel der Vollbeschäftigung steht im Vordergrund.

Wenn ich mir die letzten 10 Jahre rückblickend ansehe, bin ich der Meinung, dass das neoliberale Wirtschaftssystem gescheitert ist. Der Markt kann eben nicht alles von alleine regeln, denn er hat grundsätzlich andere Interessen als die Bürger und auch der Staat. Er ist sehr weit entfernt vom Gemeinwohl, denn gelinde gesagt, ihm ist das Gemeinwohl ziemlich egal - um es höflich auszudrücken. Natürlich ist zu viel Staat dem wirtschaftlichen System auch nicht zuträglich. Dies würde ja der Planwirtschaft entsprechen und die ist genauso gescheitert wie die neoliberale Wirtschaft. Also muss es etwas anderes geben. Einen Kapitalismus wie ihn Ulrike Herrmann in ihrem Buch „Sieg des Kapitals" beschreibt, ist mir persönlich wesentlich sympathischer. Mir ist bewusst, dass es niemals ein perfektes Wirtschaftssystem geben wird. Irgendetwas geht immer schief, aber wir sollten es minimieren. Kapitalismus kann ja in Abstimmung mit einem modernen Staat auch als Ziel die Vollbeschäftigung haben. Denn alle Seiten profitieren davon.

Für welches Wirtschaftssystem wir uns entscheiden, dazu sollte es einen breiten Diskurs geben, in dem alle Vor- und Nachteile des jeweiligen Systems gegenübergestellt werden. Es gibt hinreichend viele „Fachleute" die sehr unterschiedliche Ansätze haben (siehe Hans Werner Sinn und Joseph Stieglitz). Aber keiner kann behaupten, dass seine Meinung die allerbeste und alleinig heilbringende ist. Und dennoch muss darüber offen und ausgiebig diskutiert werden, um am Ende zu einem für alle Seiten guten Konsens zu kommen. In diesem Fall vertraue ich auf diese Fachleute!

Kapitel 10

79. In der gesamten Republik Europa sind die Atom – und Kohlekraftwerke durch regenerative Energien zu ersetzen und zurückzubauen. Weitere alternative Energien sind zu erforschen und zu nutzen, damit ein Versorgungsmix entsteht, der die Republik Europa unabhängig von anderen Staaten macht.

Die Zeit der Atom- und Kohlekraftwerke ist in der Republik Europa vorbei. Das Endlagerproblem der Atommeiler und die Gefahren bei einer Havarie sind unkalkulierbar. Da können die Energiekonzerne noch so laut dagegen halten, aber niemand von diesen Herrschaften wohnt in der Nähe solcher Objekte. Außerdem was nützt es uns, wenn wir diesen Aussagen blind vertrauen? Wenn das Kind in den Brunnen gefallen ist, machen sich die Verantwortlichen aus dem Staub oder gucken mitleidsvoll aus der Wäsche und entschuldigen sich halbherzig. Japan kann da durchaus als Beispiel dienen. In Europa würde es nicht anders verlaufen.

Die Republik Europa bietet eine Vielzahl von Möglichkeiten, regenerative Energie zu erzeugen. Verschiedene Nationalstaaten machen es ja schon vor. In unseren Landschaften können Wind, Sonne und Wasser sehr effizient zur Gewinnung von regenerativer Energie genutzt werden. Die jetzigen Verfahren der Speicherung und des effizienteren Transportes sind aber noch sehr ausbaufähig!

Das Ziel ist also klar, unsere Energie ist eine regenerative Energie. Aber, das muss ich gestehen, sie kann beim derzeitigen Stand im Jahr 2017 noch nicht die gesamte Energieversorgung sicherstellen. Aber bereits mehrere Universitäten haben das Gegenteil theoretisch berechnet. Die ersten Versuchsanordnungen, auch in etwas größerem Maßstab, sind bereits in Betrieb. Wir trauen uns nur nicht richtig, es umzusetzen. Daher ist es besonders wichtig, mit großem Elan in die Entwicklung der regenerativen Energien zu investieren! Denn mit einem guten Versorgungsmix macht sich die Republik Europa unabhängig von anderen Staaten. Dabei benötigte Investitionen können sowohl von staatlicher als auch von wirtschaftlicher Seite kommen. Ein offizieller Wettkampf für die besten Ideen ist bestimmt machbar. Innovation kennt keine Grenzen!

80. Alternative Energien sind entsprechend der Möglichkeiten in den jeweiligen Regionen zu bündeln und auszubauen. Dabei ist der Schutz der Natur und der dort lebenden Menschen zu gewährleisten.

Wie bereits erwähnt, bieten unsere Regionen alle Möglichkeiten regenerative Energie zu erzeugen. Momentan macht dies jeder Nationalstaat gerade wie er es für nötig hält und manche setzen sogar wieder vermehrt auf Atomstrom, was für mich absolut nicht mehr nachvollziehbar ist. In jedem Nationalstaat wird zum Beispiel Windenergie erzeugt. Ob dabei die Standorte sinnvoll und immer umweltverträglich sind, lasse ich hier unkommentiert. Aber unbestritten ist doch, dass wir Regionen haben, in denen viel besser die eine oder andere bestimmte Art der Erzeugung besser genutzt werden kann. Die nördlichen Küstenregionen zum Beispiel bei der Windenergie und die Südländer bei der Sonnenenergie. Daher sollten die einzelnen Regionen genau betrachtet werden und die Energieerzeugung sinnvoll gebündelt werden, um damit einen guten Energiemix zu bekommen. Auch in diesem Fall sind die Fachleute der Universitäten, der Umweltorganisationen und auch der Energieunternehmen gefordert. Dabei sollte, bei allem Elan für die saubere Energieerzeugung, auch die Umwelt und die darin wohnenden Menschen berücksichtigt werden. Aber auch die Menschen der Republik Europa können einen wichtigen

Beitrag dazu leisten: Energie, die nicht verbraucht wird, braucht auch nicht erzeugt werden!

81. Bei der Weiterleitung der gewonnenen Energie sind Erdkabel zu verwenden. Hierzu wird die Forschung intensiviert, um dem Bedarf gerecht zu werden und die Kosten zu senken.

Die Weiterleitung der gewonnenen regenerativen Energie ist derzeit in einer umfassenden Diskussion. Überall dort, wo große Mengen Energie erzeugt werden, müssen sie auch abtransportiert werden. Die Energie- und Netzbetreiber setzen dabei auf gigantische Überlandleitungen, die nicht nur hässlich sind, sondern auch erwiesenermaßen schädliche Abstrahlungen erzeugen. Dies tun die Unternehmen aber nur, weil sie nicht für das Gemeinwohl zuständig sind, sondern mit ihrer Gewinnmaximierung für ihre Aktionäre. Und da liegt das Problem. Denn immer dann, wenn es, wie zuletzt in Deutschland im Bundesland Bayern geschehen ist, die Gegnerschaft dieser Überlandleitung groß ist und entsprechende Bürgerinitiativen gründen, knicken Politik und Unternehmen ein. Auf einmal ist es doch möglich, die ach so teuren Erdkabel zu verlegen. Auch wird mit dem erhobenen Zeigefinger mitgeteilt, dass die Erdkabel nicht gut wären und technisch sehr anspruchsvoll wären. Was sie aber verschweigen, ist die Tatsache, dass sie sich überhaupt nicht mit diesem Thema beschäftigt haben. Dies erinnert mich sehr stark an die Zeit, als die großen Energieunternehmen die regenerative Energie belächelt, bekämpft und ignoriert haben. In ihrer allmächtigen Arroganz hatten sie die Signale der Zeit verschlafen! Technische Innovation kommt nur vom Forschen und Probieren und nicht vom Abwarten.

In der Republik Europa werden daher alle großen Transportwege der Energie mit Erdkabeln erfolgen. Zuerst die großen Haupttransportleitungen und später alle Seitenlinien. Um dieses Ziel zu erreichen, sind die entsprechenden Universitäten aller Regionen aufgefordert, in einen Wettstreit zu treten, die besten Möglichkeiten für die Form des Energietransportes zu entwickeln. Dabei geht es auch darum, die Verlegung so effizient und umweltschonend wie möglich zu gestalten. Die besten Modelle werden dabei nicht nur prämiert, sondern auch umgesetzt.

82. Der Individualverkehr ist auf Elektromobilität umzustellen. Hierzu wird umfangreiche Forschung betrieben, um einen besseren Ausbildungsstand auf diesem Gebiet zu erhalten.   Die Forschungseinheiten bilden dazu Kooperationen.

Ganz langsam, aber stetig, steigt jetzt bereits die Elektromobilität. Der Widerstand der Benzin- und Diesellobby ist aber enorm. Insbesondere in Deutschland sind wieder viel zu spät die Zeichen der Zeit erkannt worden. Die deutsche Automobilindustrie – das Zugpferd unserer Wirtschaft - verschläft gerade ihre Zukunft. Es ist verständlich, dass sie ihre bislang so erfolgreichen Wege nicht verlassen wollen. Aber der Diesel - Abgasskandal hat bereits gezeigt, dass die Fahrzeuge nur noch mit Betrug die an sie gesetzten Erwartungen erfüllen können. Die Menschen haben heute andere Bedürfnisse und Erwartungen an ein Auto als vor 30 Jahren. Es muss sauber, bequem und preiswert sein. Bei vielen ist es nicht mehr so das Statussymbol, wie es bisher war. Die jungen Menschen haben ein ganz anderes Verhältnis zum Auto als wir es in unserer Jugend hatten. Dies wird aber in der Automobilindustrie ignoriert. Ignoranz und Arroganz gegenüber Neuem waren ja schon immer das Markenzeichen der deutschen Automobilindustrie. Ich erinnere mich an die Einführung des Katalysators, den die deutsche Automobilindustrie auch verschlafen hatte. Da stellten sich die Ingenieure von VW vor die Kamera und behaupteten der Katalysator würde die Motoren nachhaltig schädigen und zu hohen Kosten führen. Das nur, weil VW noch keinen Katalysator hatte.

Aber auch die anderen großen Automobilhersteller aus Frankreich und Italien sind in Sachen E-Mobilität nicht besser. Es werden zwar Elektrofahrzeuge hergestellt, aber es handelt sich um nicht mehr als Alibi-Fahrzeuge, um am Markt zu sagen können: „Wir sind dabei"! Wenn die Automobilhersteller sich genauso intensiv mit den Elektrofahrzeugen beschäftigen würden, wie mit ihren überdimensionalen Fahrzeugen mit Verbrennungsmotoren, wären wir schon ein ganzes Stück weiter. Zur Ehrenrettung der französischen Automobilindustrie, muss aber das Ziel erwähnt werden, bis 2040 nur noch Autos mit Elektroantrieb zu produzieren. Und der Autohersteller Volvo hat verkündet, dieses Ziel bereits 2030 zu erreichen. Also deutsche Automobilindustrie aufgepasst – die anderen laufen euch davon!

Aber grundsätzlichen gehen die wirtschaftlichen Interessen der Automobilbranche nach wie vor in eine andere Richtung. Mir ist klar, dass die derzeitige Batterietechnik nicht das halten kann was benötigt wird. Aber auch in diesem Fall gilt, dass bislang mit angezogener Handbremse in diese Richtung geforscht und entwickelt wurde.

Wie wäre es mit folgendem Vorschlag: in der ganzen Republik Europa gibt es eine einheitliche Norm für die Batterien und deren Einbau in den Fahrzeugen. Damit könnten Batterie-Tankstellen entwickelt werden, in denen vollautomatisch die leeren gegen volle Batterien getauscht würden. Ich stelle mir das vor wie eine Autowaschanlage. Vorne geht es mit leeren Batterien hinein und hinten heraus, sind vollautomatisch die Batterien getauscht worden und die Weiterfahrt kann unverzüglich fortgesetzt werden. Der Vorteil wäre auch, die Kosten der Batterien bei den Fahrzeugen wären nicht vorhanden, da diese in einem Leihsystem pro Batteriefüllung (analog einer Tankfüllung Kraftstoff) bezahlt würden. Die Elektroautomobile werden dadurch wesentlich kostengünstiger. Sollte es der Republik Europa gelingen, dies umzusetzen, sind sie automatisch Weltmarktführer und die anderen Staaten passen sich an Europa an.

In der Republik Europa ist es das Ziel, den gesamten Individualverkehr auf Elektromobilität umzustellen!

Das geht nicht über Nacht, aber es ist zu schaffen. Dazu muss die Forschung auf Hochbetrieb laufen und die damit forschenden Einheiten untereinander vernetzt sein. Konkurrenz ist hier, so denke ich, ausnahmsweise fehl am Platz. Zusätzlich ist in den Ausbildungsberufen und in den Schulen in dieser Richtung nachzusteuern um ein viel besseres Ausbildungsniveau zu erhalten. Die Republik Europa muss auf diesem Gebiet der Weltmarktführer sein! Dies kann sie bei dem bisherigen Ausbildungsstand seiner Ingenieure auch werden!

Was mich in diesem Zusammenhang freut, ist die Tatsache, dass die Luft in unserer Republik Europa dadurch noch besser und in manchen Städten wieder besser wird!

83. Die Zusammenarbeit von Universitäten und der Wirtschaft ist zu fördern.

In den bisherigen Thesen habe ich in vielen Fällen die Universitäten in die Pflicht genommen. Dies ist sicherlich eine gewaltige, aber machbare Aufgabe. Es zeigt sich, dass in vielen Bereichen eine enge Zusammenarbeit mit Wirtschaftsunternehmen dringend erforderlich ist. Vielfach sind diese Beziehungen jetzt schon da (z. B. Technologiezentren), aber sie stehen nicht unter dem Generalziel des Gemeinwohles, sondern der billigen Nutzung der Universitäten als Forschungseinrichtung für sich selbst.

Das Zusammenarbeiten von Universitäten und der Wirtschaft ist wichtig und auch richtig. Aber das jeweilige Forschungsziel darf nicht mit der Mittelzuwendung verknüpft werden. Die Zusammenarbeit sollte im beiderseitigen Interesse, also dem Gemeinwohl und den wirtschaftlichen Interessen stehen. Dies kann dann auch gefördert werden. Insbesondere bei der Machbarkeit der vielen zu erstellenden Problemlösungen ist dies wichtig. Dabei kann die Wirtschaft bei ihrem Einsatz auch sehr gut profitieren.

Kapitel 11

84. Die Landwirtschaft wird reformiert. Überproduktion ist zu vermeiden. Die eigenständige Versorgung der Republik Europa ist zu gewährleisten.

Die Landwirtschaft! Das ursprünglichste und am meisten diskutierte Kernstück der bisherigen Europäischen Union. Des einen liebstes Kind, weil ach so toll die Gelder fließen, ohne dass ich etwas dafür tun muss. Für die anderen das rote Tuch schlechthin, weil Gelder nicht nur zum Fenster herausgeschmissen, sondern unsinnig verbrannt werden. Der Subventionsdschungel wird immer dichter, immer undurchsichtiger und ineffizienter. Selbst die eigentlichen Nutznießer, die Bauern, sind mit diesem Bürokratiemonster alles andere als einverstanden. Auch wenn sie Geld bekommen.

Aber leider geht ja das meiste Geld an die Großkonzerne und nicht an die kleinen und mittleren Landwirtschaftsbetriebe. Das gilt für alle Nationalstaaten. Bestes Beispiel die Überproduktion von Milch und wie die EU dies händelt. Weder die Erzeuger noch die Verbraucher sind mit der Situation einverstanden, aber die Parole heißt: „weiter so!"

Die Republik Europa ist so groß, dass die landwirtschaftlichen Betriebe in der Lage sind, die Bürger der Republik zu ernähren und, wenn wegen guten Ernten eine Überproduktion vorhanden ist, kann diese auch exportiert werden. Aber im Vordergrund steht die eigenständige Versorgung mit qualitativ hochwertigen Lebensmitteln. Eine gezielte und auch noch geförderte Überproduktion ist nicht mehr gewollt.

85. Die Landwirte der Republik Europa müssen von ihren Produkten leben können.

Nachdem die Landwirtschaft umfassend reformiert wurde, ist es dann unbedingt erforderlich, dass die Vollerwerbslandwirte von ihren Produkten auch leben können. Dies bedeutet auch, dass es höhere Endverbraucherpreise gibt. Aber mit der zentralen Vermarktung durch Genossenschaften, wie zum Beispiel die Obst- und Weinbaugenossenschaften in Südtirol, die direkt mit den Einzelhändlern (auch mit den Großen) verhandeln und direkt liefern. Dadurch können Zwischenhändler eingespart werden und somit die Preise moderater steigen. Das kann natürlich nicht in jedem Fall bzw. bei jedem Produkt sein. Es sollte in der Republik Europa auch umfassend und ohne Denkschranken diskutiert werden. Nur so kann es meiner Meinung nach zu einem guten Ergebnis für beide Seiten kommen. Allen sollte aber klar sein, dass es kein Fleisch gibt, zu einem Kilopreis von weniger als mancher Literpreis von Mineralwasser.

86. Die Größe des Betriebes in der Viehwirtschaft hängt von der Möglichkeit der eigenen Futterherstellung ab. Hierzu können auch Kooperationen mit mehreren Landwirten geschlossen werden.

Mir ist schon klar, dass bei stetig steigenden Einwohnerzahlen in der Republik Europa auch immer mehr Lebensmittel produziert werden müssen. Dazu gibt es bereits umfangreiche Studien von verschiedenen Universitäten, die hierfür zu Rate gezogen werden können.

Der Fleischkonsum nimmt stetig zu, also muss auch die Produktion immer mehr gesteigert werden, dies führt aber zu immer mehr Engpässen bei den Futtermitteln und ist somit der Einstieg in eine stetig wachsende Spirale. So mancher landwirtschaftlicher Betrieb greift dann zu Fertigfutter. Das verleitet zu immer größeren Ställen und dies wiederum zu immer größerem Einsatz von Fertigfuttermittel. Diese Spirale mit ihren ganzen Nebenwirkungen muss unterbrochen werden. Zum Nutzen der Tiere, der Verbraucher und auch der Erzeuger.

Daher sollte in der Republik Europa die Größe des Betriebes in der Viehwirtschaft davon abhängen, ob der Betrieb in der Lage ist mit der eigenen Futtermittelherstellung die Versorgung der Tiere sicherzustellen. Dazu können auch Kooperationen mit landwirtschaftlichen Betrieben im nahen Umfeld getroffen werden, die keine Viehhaltung betreiben. Es darf aber nicht dazu führen, dass in diesen Betrieben dann die Produktion von wichtigeren Lebensmitteln, wie zum Beispiel Roggen, Dinkel, Weizen usw. gegen Futterpflanzen wie Mais eingetauscht wird. Unbedingt sind Monokulturen zu vermeiden.

87. Ehemalige, stillgelegte Agrarflächen werden wieder aktiviert. Dabei werden im Vorfeld die Flächen zu betriebswirtschaftlich sinnvollen Größen zusammengestellt.

Damit genügend Lebens- und Futtermittel hergestellt werden können, müssen stillgelegte Agrarflächen wieder reaktiviert werden. Allerdings sollten sie, wenn möglich, zu betriebswirtschaftlich sinnvollen Flächen zusammengelegt werden. Wo dies, aus welchen Gründen auch immer, nicht möglich ist, kann es keine Reaktivierung geben und diejenigen die sich querstellen, können nicht am Geldverdienen teilnehmen. Da wir dann in einer freiheitlichen Republik leben, können Zwangsmaßnahmen nicht angewendet werden, aber es kann sehr deutlich auf den zukünftigen Schaden hingewiesen werden.

88. Die für die Landwirtschaft extrem wichtigen Insekten werden gesondert geschützt. Insbesondere sind hierbei die Bienen zu berücksichtigen.

Durch den Einsatz von Schädlingsbekämpfungsmitteln, Krankheiten und auch immer weniger Imkern, ist der Bestand an nützlichen Insekten, wie zum Beispiel Bienen, drastisch zurückgegangen.

In der Republik Europa werden diese unter strengen Schutz genommen, denn sie sind unersetzlich, nicht nur für die Bestäubung der Bäume und Sträucher, sondern auch für die Artenvielfalt. Für die Imker werden Anreize geschaffen und in den Schulen sollten sich junge Menschen mit diesen Themen befassen. In den Schulgärten können dann durch örtliche Imker auch Bienenvölker aufgestellt werden. Über diese Art der Heranführung gibt es bestimmt wieder Nachwuchs bei den Imkern.

89. Die Macht der Agrarkonzerne ist zu beschränken. Es wird auf Vielfalt gesetzt und ein Monopol bei der Saatgutherstellung unterbunden.

Die Macht der Agrarkonzerne wird immer größer. Zuerst in den USA, aber jetzt auch vermehrt in der Europäischen Union. Die Saatgutherstellung wird auf eine Handvoll Unternehmen konzentriert, und es entsteht ein Monopol, welches den Regierenden vollkommen egal ist. Ihre Marktgläubigkeit eines freien Wettbewerbes macht sie blind für diese Monopolmacht.

Durch die Konzentrierung auf wenige Hersteller ist die Vielfalt des Saatgutes in großer Gefahr, denn es entsteht ein sehr gefährlicher Kreislauf. Sollten Krankheiten bei bestimmtem Saatgut ausbrechen, wird Antibiotika eingesetzt. Dies ist für uns Menschen schädlich, aber auch die Resistenzfähigkeit des Saatgutes schwindet. Also muss noch mehr Chemie eingesetzt werden. Diese Spirale gilt es zu durchbrechen.

Das alles kann nur mit einer großen Vielfalt erreicht werden. Dazu kommt noch, dass das Monopol gestoppt wird und hier auch wieder Wettbewerb entsteht. Denn die landwirtschaftlichen Betriebe sollen selbst entscheiden, wo und was sie kaufen. Daher wird in der Republik Europa die Monopolstellung der Saatguthersteller aufgebrochen. Sollten dabei sogar Kartelle aufgedeckt werden, müssen sich die Strafverfolgungsbehörden damit befassen.

Das gilt auch für den Einsatz von genmanipulierten Pflanzen. Sie sind kein Bestandteil in der landwirtschaftlichen Produktion der Republik Europa.

90. Die Würde des Tieres wird geachtet. Artgerechte Haltung, keine Tierversuche und tiergerechte Tötung sind zu beachten.

Ja, für die Ernährung der Bürger in der Republik Europa werden viele Tiere gezüchtet um anschließend auf unseren Tellern zu landen. Die Vegetarier werden dazu sicherlich sagen, dass viel zu viel Fleisch gegessen wird und damit viel zu viele Tiere dafür getötet werden. Aber der überwiegende Teil der Bürger sind eben keine Vegetarier. Was wir aber machen können, ist die Würde des Tieres zu achten und diese auch in der Verfassung zu verankern, so dass die Tiere keine Sache mehr sind, sondern als Lebewesen respektiert werden. Damit geht die artgerechte Haltung einher, und auch beim Schlachten der Tiere ist dies zu beachten. Was mir besonders am Herzen liegt, dass Tierversuche eingestellt werden. Durch diese generelle Änderung der Sichtweise, ändert sich auch unser Rechtssystem in diesem Bereich. Es geht dann nicht mehr nur um „Sachbeschädigung", sondern der Straftatbestand wird strenger.

91. Die Fischfangquoten werden strenger reglementiert. Als Ausgleich werden ökologische Aquakulturen gefördert.

Die Würde des Tieres endet nicht am Strand eines Meeres, sondern geht auch ins Meer hinein. Der Fischfang hat in den letzten Jahrzehnten enorm zugenommen und die Regulierung der Fischfangquoten ist immer ein großes Streitthema. Aber wenn wir noch über einen längeren Zeitraum Fisch essen wollen, müssen wir schon etwas an unserem bestehenden System ändern.

In den Seegebieten der Republik Europa werden daher die Fischfanquoten streng geregelt und Verstöße dagegen streng verfolgt. Zum Ausgleich werden ökologische Aquakulturen gefördert. Auf diesem Gebiet sind noch große Möglichkeiten vorhanden und werden derzeit noch nicht genutzt. Dies sollte allerdings durch spezialisierte Universitäten begleitet werden und der Schwerpunkt liegt dabei auf „ökologisch"!

92. Die Unterstützung wird nicht mehr pauschal nach der Größe des Betriebes gewährt, sondern ermisst sich nach einer Formel aus „Effektivität, Nutzen und Nachhaltigkeit". Die genaue Zusammensetzung der Formel wird in einer Kommission aus allen Regionen ermittelt.

Auch ich habe in meinen Überlegungen immer wieder die „Förderung" genannt. In den meisten Fällen ist das mit Geld verbunden, mit erheblich viel Geld. In der Europäischen Union ist das der größte Posten und hat sich im Laufe der Jahre zu einem wahren Bürokratiemonster entwickelt. Dies geht soweit, dass Landwirte besser verdienen, wenn sie etwas nicht oder überhaupt nichts machen. Das darf so nicht weitergehen. Hier muss ein totaler Paradigmenwechsel erfolgen!

In der Republik Europa werden die Förderungen nicht mehr nach dem Gießkannenprinzip - ein großer Betrieb bekommt viel und ein kleiner Betrieb eventuell gar nichts - verteilt. In der Republik Europa erfolgt die Förderung des Betriebes nach einer Formel aus der Effektivität, dem Nutzen und der Nachhaltigkeit des Betriebes. Die genaue Zusammensetzung und die Wertigkeit der jeweiligen Komponenten in der Formel werden von einer Kommission mit Mitgliedern aus allen Regionen und spezialisierten Universitäten ermittelt. Die Kommission kann dabei auch die Erzeugerverbände und die Umweltverbände anhören.

93. Zu Gemeinwohl in der Republik Europa zählt auch der Verbraucherschutz. Alle Lebensmittel sind ausreichend und inhaltlich vergleichbar zu kennzeichnen. Der Verbraucher muss klar und eindeutig die Inhaltsstoffe, die Herstellung und die Nährwerte erkennen können.

Der Verbraucherschutz hat sich bereits in der Europäischen Union verbessert, ist aber noch sehr ausbaufähig, denn einiges, was als Verbraucherschutz deklariert wird ist eine Mogelpackung. In den Nationalstaaten ist dies auch noch unterschiedlich umgesetzt, je nachdem wie groß der Einfluss der jeweiligen Lobby im jeweiligen Nationalstaat ist. In Deutschland ist dies besonders stark vertreten. Ich denke da zum Beispiel an die Zuckerindustrie.

In der Republik Europa werden daher alle Lebensmittel einheitlich gekennzeichnet. Dabei müssen auf den ersten Blick alle Informationen lesbar sein und nicht noch eine Lupe ausgepackt werden. Die Bezugsgröße ist dabei immer einheitlich, um solche dubiose Bezugsgrößen wie den Tagesbedarf oder einer Portion zu verhindern. Solche Bezugsgrößen verunsichern und verwirren die Verbraucher nur. Dabei steckt immer nur das Ziel dahinter, ein schlechteres Lebensmittel „schön" zu reden.

94. Die Grenzen der Schadstoffe werden von einer Kommission aus speziellen Hochschulen, Verbraucherschutzorganisationen und Umweltverbänden, aus allen Regionen der Republik Europa, in Zusammenarbeit mit der Zentralregierung festgesetzt. Das (Gemein) Wohl und die Gesundheit der Verbraucher stehen im Vordergrund.

In diesem Zusammenhang müssen die Grenzwerte von Schadstoffen neu überdacht werden, denn sie werden bisher viel zu sehr von der Industrie beeinflusst, die diese Schadstoffe vertreiben. Dazu wird eine Kommission gebildet, aus speziellen Universitäten, Verbraucherschutsorganisationen und Umweltverbänden. Die Kommission kann natürlich auch die Hersteller dazu anhören. Die Zentralregierung hat die Leitung der Kommission, um das Gemeinwohl sicherzustellen. Denn sie ist der oberste Hüter des Ge-

meinwohles in der Republik Europa. Bei den Grenz-
werten gibt es auch den direkten Zusammenhang mit
den Gesundheitszustand der Bürger in der Republik
Europa. Um Folgeschäden zu minimieren und die
Gesundheitskosten zu senken, sollte bei den Grenz-
werten ganz genau hingeschaut werden.

**95. Für die Verbraucher in der Republik Eu-
ropa wird eine zentrale Online - Plattform
eingerichtet, in der alle Informationen zur
gesunden Ernährung, den verschiedenen
Herstellungsformen für Lebensmittel und
den Erläuterungen zu den Schadstoffgrenzen, bereitgestellt werden. Neben den Informationen können hier auch Fragen von
Bürgern zu diesen Themen gestellt werden.
Die Plattform wird durch die Zentralregierung erstellt und von den Verbraucherschutzorganisationen begleitet.**

Um dieses Thema jedem verständlich und zugänglich
zu machen, wird eine zentrale Online-Plattform entwickelt, die Informationen dazu bereitstellt. Die Plattform wird grundsätzlich von der Zentralregierung
erstellt und von Verbraucherschutzorganisationen
begleitet. Hier können aber die Bürger auch Fragen
zu diesen Themen stellen oder auch Verstöße mel-
den.

Kapitel 12

Schlusswort

Die Liste der Thesen, könnte unbestritten, noch um ein Vielfaches erweitert werden. Ja sie ist nicht komplett. Soll sie auch nicht. Dies ist auch nicht mein Ziel. Mein Ziel ist es, Menschen für meine Idee zu gewinnen.

Als ich zum ersten Mal mit einem Menschen über meine Überlegungen gesprochen habe, kam es zu einer für mich sehr interessanten Reaktion. Ich hatte erwarte, dass so etwas wie: „Du spinnst ja" oder „Meinst du nicht das dies eine Nummer zu groß für dich ist", nein es kam: wie, die Nationalstaaten auflösen, dann gibt es ja keine Fußball Nationalmannschaft mehr! Bist du dir sicher?" Zuerst war ich ein wenig verblüfft, aber ich hatte mir wirklich keinen einzigen Gedanken zu diesem Thema gemacht obwohl der gesamte Sport ein wirklich wichtiges Thema ist.

An diesem wunderbaren Beispiel kann ich aber nochmals daran erinnern: mit meinen hier aufgeschriebenen Gedanken möchte ich eine Diskussion zur Republik Europa entfachen. All diese Gedanken sind niemals abschließend und schon gar nicht der Weisheit letzter Schluss!

Und zu dem Thema Sport gibt es bestimmt tolle Lösungen, wenn sich nur die richtigen Menschen darüber die richtigen Gedanken machen. Denn wie oft höre ich in Diskussionen, dass der Sport nicht mehr Sport sondern nur noch Kommerz und gerade der Fußball eine moderne Form der Gladiatoren ist. Hier wäre auch eine Chance für eine Neuausrichtung!

Um das Ziel einer Republik Europa zu erreichen, sind die von mir aufgestellten Thesen eine Sache. Eine andere Sache ist die politische Umsetzung. Dies kann meines Erachtens nur in politischen Gremien und nur mit politischen Parteien erfolgen. Keine der mir bekannten Parteien in Europa hat in ihren Programmen eine Republik Europa als Ziel ihres politischen Handelns aufgenommen. Sie alle beschäftigen sich mehr oder weniger traditionell mit den üblichen Problemen über Wirtschaft und Soziales. Jede Partei in ihrer politischen Strömung. Halt nur auf europäischer Ebene.

Mir ist es besonders wichtig, dass die jungen Bürger in Europa zu Sprache kommen, sich in die politische Willensbildung mehr mit einschalten, dass wir „Alten" sie auch lassen! Ich denke, dass sie einen großen Anspruch darauf haben, gehört zu werden und mit zu entscheiden! Denn es wird ja ihre Republik Europa!

Um diesen Prozess zur Republik Europa auch wirklich zu starten, ist eine neue Partei nötig. Ich nenne sie mal E.R.P. - European Republic Party. Alle, die ich mit diesem Buch für das Ziel einer Republik Europa erreicht habe, können sich in dieser Partei persönlich engagieren und ihre Meinungen und ihr Wissen mit einbringen. Lassen Sie uns zusammen die Republik Europa aufbauen!

Dank an:

Ich danke allen, die mich bestärkt haben dieses Buch zu schreiben. Insbesondere Herrn Prof. Dr. Friedhelm Decher für seine Anregungen und Hinweise, meiner Frau Bärbel für ihre Unterstützung und bei Alina Rosenbauer, ohne die ich niemals die Übersetzung ins Englische zustande bekommen hätte.

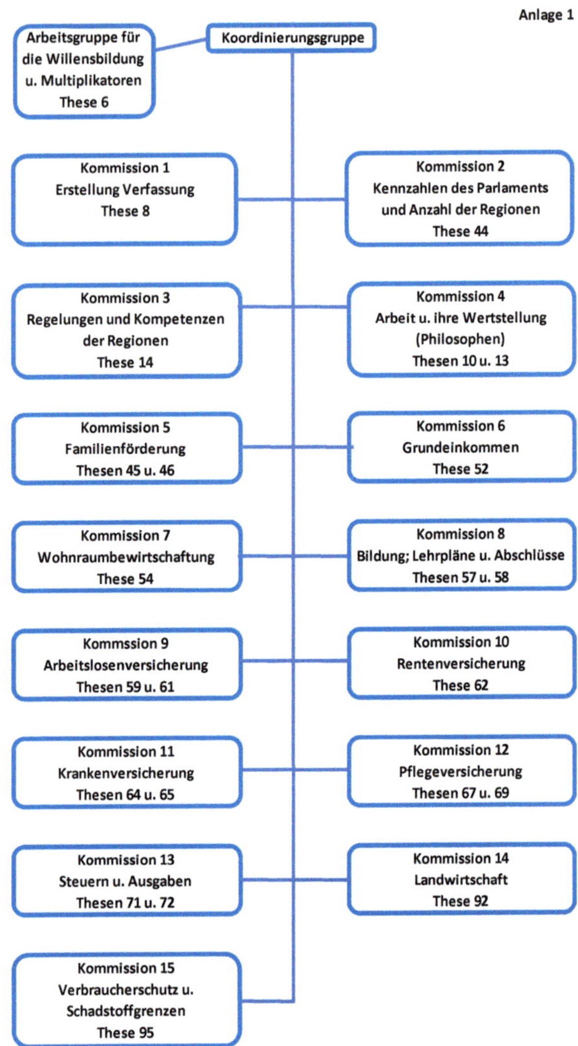

Arbeitsgruppe für die Willensbildung u. Multiplikatoren
These 6
Koordinierungsgruppe
Kommission 1
Erstellung Verfassung
These 8
Kommission 2
Kennzahlen des Parlaments und Anzahl der Regionen
These 44
Kommission 3
Regelungen und Kompetenzen der Regionen
These 14
Kommission 4
Arbeit u. ihre Wertstellung (Philosophen)
Thesen 10 u. 13
Kommission 5
Familienförderung
Thesen 45 u. 46
Kommission 6
Grundeinkommen
These 52
Kommission 7
Wohnraumbewirtschaftung
These 54
Kommission 8
Bildung; Lehrpläne u. Abschlüsse
Thesen 57 u. 58
Kommssion 9
Arbeitslosenversicherung
Thesen 59 u. 61
Kommission 10
Rentenversicherung
These 62
Kommission 11
Krankenversicherung
Thesen 64 u. 65
Kommission 12
Pflegeversicherung
Thesen 67 u. 69
Kommission 13
Steuern u. Ausgaben
Thesen 71 u. 72
Kommission 14
Landwirtschaft
These 92
Kommission 15
Verbraucherschutz u. Schadstoffgrenzen
These 95

Literaturliste:

Hans Werner Sinn – Der schwarze Juni
Verlag Herder GmbH, Freiburg 2016

Joseph Stiglitz – Europa spart sich kaputt
Verlagsgruppe Random House FSC   N001976 September 2016

Ulrike Herrmann – Der Sieg des Kapitals
Piper Verlag GmbH, Mai 2015

Ulrike Guerot – Warum Europa eine Republik werden muss
Verlag J.H.W. Dietz Nachf. GmbH, Bonn 2016

Robert Menasse – Der europäische Landbote
Verlag Herder GmbH, Freiburg 2015

Oskar Negt – Gesellschaftsentwurf Europa
Steidel Verlag, Göttingen 2012

Anja Förster u. Peter Kreuz - Hört auf zu arbeiten!
Verlagsgruppe Random House FSC N001976 September 2014

Jane Goodhill – Menschenpflichten
Büchergilde Gutenberg, Frankfurt 2011

Friedrich Nitzsche – Nichts ist wahr, alles ist erlaubt
Eine Anthologie
marixverlag – Verlagshaus Römerweg GmbH, Wies-
baden

John Strelecky – Wiedersehn im Café am Rande der
Welt
dtv – Verlagsgesellschafft mbH & Co KG München